KURT LEHMKUHL
Mörderisches
Aachen

TÖDLICHES AACHEN Aachen, Stadt von Karl dem Großen, Sitz der RWTH, Zentrum der Printen und Schauplatz des weltgrößten Fests des Pferdesports. Kann es dort, in dieser historischen Idylle am Nordrand der Eifel, im Dreiländereck mit den Niederlanden und dem Königreich Belgien, tatsächlich Mord und Totschlag geben? Elf Kurzgeschichten, in denen Sehenswürdigkeiten und Attraktionen in und rund um Aachen eine Rolle spielen, geben die Antwort auf die Frage. Oft mitten im Geschehen ist dabei Kriminalhauptkommissar Rudolf-Günther Böhnke, dem es nicht immer leicht fällt, den Unterschied zwischen richtig und falsch, gut und böse zu erkennen. Die gutbürgerliche Kulisse verdeckt bisweilen hinterlistige Verbrechen. Morde sind keine Frage des Alters, und nicht jeder Tourist, der zu Besuch in der Kaiser-, Printen- und Pferdestadt weilt, führt nur Gutes im Schilde. Da ist es beruhigend zu wissen, dass auf Böhnke Verlass ist, wenn es tatsächlich einmal richtig brenzlig wird – auch wenn nicht jeder Täter gefasst wird.

Kurt Lehmkuhl, 1952 in der Nähe von Aachen geboren, war mehr als 30 Jahre als Redakteur im Zeitungsverlag Aachen tätig. Durch die Beschäftigung mit dem Strafrecht im Rahmen seines Jurastudiums in Bonn fing er schon früh damit an, Kriminalromane zu schreiben, zunächst nur als Geschenke für Freunde. Zur ersten Veröffentlichung kam es 1996, als er von einem Verlag darauf angesprochen wurde. Seit 2008 erscheinen seine Krimis im Gmeiner-Verlag. Neben der Tätigkeit als Journalist und Schriftsteller arbeitet Lehmkuhl als Moderator und VHS-Dozent.

Bisherige Veröffentlichungen im Gmeiner-Verlag:

Weißgott (2017)
Kofferjäger, E-Book only (2016)
Mallorquinische Träume, E-Book only (2016)
Tödliches Roulette, E-Book only (2016)
Vertrauen bis in den Tod, E-Book only (2016)
Spritzen für die Ewigkeit, E-Book only (2016)
Aachener Grenzgänger, E-Book only (2016)
Die Aachen-Mallorca-Connection, E-Book only (2016)
Ein CHIO ohne Rasputin, E-Book only (2016)
Tödliche Annakirmes, E-Book only (2016)
Tödliche Recherche, E-Book only (2016)
Kohlegier (2016)
Fundsachen (2015)
Blut klebt am Karlspreis, E-Book only (2015)
Ein Sarg für Lennet Kann, E-Book only (2015)
Mörderische Kaiser-Route, E-Book only (2015)
Tore, Tote, Tivoli, E-Book only (2014)
Printenprinz (2013)
Begraben in Garzweiler II, E-Book only (2013)
Kardinalspoker (2012)
Dreiländermord (2010)
Nürburghölle (2009)
Raffgier (2008)

KURT LEHMKUHL
Mörderisches Aachen
11 Krimis und 125 Freizeittipps

GMEINER SPANNUNG

Besuchen Sie uns im Internet:
www.gmeiner-verlag.de

© 2017 – Gmeiner-Verlag GmbH
Im Ehnried 5, 88605 Meßkirch
Telefon 07575/2095-0
info@gmeiner-verlag.de
Alle Rechte vorbehalten
1. Auflage 2017

Lektorat: Claudia Senghaas, Kirchardt
Herstellung: Mirjam Hecht
Umschlaggestaltung: U.O.R.G. Lutz Eberle, Stuttgart
unter Verwendung eines Fotos von: © davis/fotolia.com
Druck: CPI books GmbH, Leck
Printed in Germany
ISBN 978-3-8392-2138-9

Personen und Handlung sind frei erfunden.
Ähnlichkeiten mit lebenden oder toten Personen
sind rein zufällig und nicht beabsichtigt.

ALTLASTEN

Sein Unbehagen wuchs, je mehr er sich Aachen näherte. Vor rund 30 Jahren hatte er seine Geburtsstadt verlassen, die er mittlerweile längst nicht mehr als seine Heimat ansehen würde.

Jetzt musste er in die westlichste Großstadt Deutschlands zurückkommen, die von ihren Bürgern liebevoll »Oche« genannt wurde. Er selbst würde sich jedoch nie als geborener Öcher bezeichnen.

Notgedrungen und nicht aufschiebbar war seine Rückkehr in die Stadt Karls des Großen nach dem Ableben seiner Mutter. Er hatte schon als Kind auswendig gelernt, wahrscheinlich sogar schon im Kindergarten, was jedem Öcher zu jeder Tages- und Nachtzeit und in jedmöglichem geistigen Zustand flüssig über die Lippen kommt: Karl der Große (Carolus Magnus, 747 bis 814) wurde 768 zum König des Fränkischen Reichs und 800 in Rom zum Kaiser gekrönt. Er machte Aachen zu seinem Hauptsitz. Nach seinem Tod am 28. Januar 814 wurde er in der Pfalzkapelle beigesetzt. Sie stellt die Keimzelle des Aachener Doms 1 dar. Im Mittelalter wurde Karl der Große als der ideale Kaiser angesehen. Er wurde als starker und kühner Herrscher verehrt und trug maßgeblich zur Christianisierung zahlreicher Volksstämme bei.

Und auf diesen »Großen« berufen sich offenbar fast alle Aachener. Die »Öcher« sind stolz auf »ihren« Karl und auf das historische Erbe des Kaisers, das überall in der Stadt zu erkennen ist. Und wahrscheinlich jeder von ihnen hat die »Wolfstür« mit den Löwenköpfen am Dom berührt. Diese Tür ist Thema einer der vielen Aachener Sagen. 2

Der Notar, bei dem seine Mutter ihr Testament hinterlegt hatte, hatte ihn suchen und anrufen lassen. Er sollte sein Erbe antreten, von dem er nicht wusste, worin es bestehen würde. Erst durch die Mitteilung des Notariats, dessen Namen ihm durchaus bekannt vorkam, hatte er überhaupt von ihrem Tod erfahren. Sie war schon vor einiger Zeit beerdigt worden, während einer seiner vielen Dienstreisen ins Ausland.

Damals, als er Aachen verlassen hatte, besaßen seine Eltern an der Krämerstraße ein Wohn- und Geschäftshaus, in dem sie ihrem Juwelierhandwerk nachgingen, und in der Fußgängerzone an der Adalbertstraße eine Zweigstelle. Er hatte sich nicht für ihre berufliche Tätigkeit interessiert, und sie hatten schnell erkannt, dass er weder die notwendigen kaufmännischen Ambitionen noch das künstlerische Geschick besaß, um in ihre Fußstapfen zu treten. So stand schon früh fest, dass irgendwann einmal seine Schwester den Familienbetrieb übernehmen würde. Er durfte seinen Vorlieben nachgehen, und die waren rein technischer Natur.

Doch blieben die Zukunftspläne der Eltern für die Familie letztendlich allesamt Makulatur.

Nach dem Tod des Vaters vor mehr als einem Jahrzehnt war die Mutter in ein Haus für Betreutes Wohnen ins Kurviertel nach Burtscheid umgezogen. Auch zur Beerdigung seines Vaters war er nicht gekommen; eine Gastprofessur in China hatte ihn davon ferngehalten. Es hatte ihn nicht gekümmert, ob seine Mutter die Häuser behalten oder verkauft hatte. Das Kapitel Aachen war für ihn beendet.

Er war seinen eigenen Weg gegangen, der ihn letztendlich nach dem Studium und der Promotion zum Lehrstuhl an der Technischen Universität Clausthal in Clausthal-Zellerfeld gebracht hatte.

Nun also führte ihn der Tod seiner Mutter zurück nach Aachen und verursachte ein gewisses Unbehagen. Doch gab es dafür noch einen anderen Grund …

Ursprünglich hatte er mit dem Zug in die Kaiserstadt am Rande der Nordeifel fahren wollen. Doch der Weg war ihm zu umständlich und zeitaufwendig gewesen, zumal er vom abgelegenen Bahnhof im Harz mehrmals hätte umsteigen müssen, um endlich im westlichen Dreiländereck anzukommen. So ließ er sich von seiner Sekretärin den Routenplan ausdrucken, der sonderbarerweise eine andere Streckenführung vorsah als der Autopilot in seinem Daimler.

Was wird sich wohl verändert haben in den 30 Jahren?, fragte er sich bei der Fahrt über die Autobahn in Richtung Aachen. Was war aus der Stadt geworden? Aus der Innenstadt, in der er seine Jugend verbracht hatte? Gespannt war er auch auf das Institut für Bergbaukunde der RWTH, das oft als großer Bruder und Vorbild für die kleine Fakultät im Harz angesehen wurde. Den Studenten hatte er immer wieder empfohlen, sich dieses Institut anzusehen. Viele seiner Kollegen schwärmten von den Möglichkeiten an dieser renommierten Hochschule, die es schon seit 1870 gab. Sie war mit über 42.000 Studenten die größte Universität für technische Studiengänge in Deutschland und damit um ein Wesentliches größer als seine kleine Hochschule im Harz.

Er selbst als Öcher wider Willen machte sich deswegen keine Gedanken. Er hatte seine Geburtsstadt nicht ein einziges Mal wieder besucht, nachdem er damals Abschied von der Heimat, von der Jugend, von den Freunden und von seiner großen Liebe genommen hatte.

Ob Renate …?

Er verdrängte die angefangene Frage, wollte nicht darüber nachdenken. Immer noch, auch nach so vielen Jahren, suchte er die Antwort und konnte sie nicht finden. Deshalb war es wohl besser, den Mantel des Vergessens darüberzulegen. Aber es ging nicht.

Sie hatten damals nach der Entlassfeier am KKG, dem ehrwürdigen Kaiser-Karls-Gymnasium am Augustinerbach, im Kreise der Freunde den Schulabschluss in unmittelbarer Nähe zum weitläufigen Kurpark 3 an der Monheimsallee gefeiert; der Vater eines Klassenkameraden betrieb dort in der Nähe ein Kleingewerbe und hatte eine leergeräumte Lagerhalle für das Fest angeboten.

Das Abitur in der Tasche und den Bundeswehrdienst vor Augen feierten sie an einem warmen Samstag im Sommer.

Nur Renate wusste, was er vorhatte.

Er wollte am frühen Morgen mit seinem Motorrad aufbrechen zu einer »Fahrt ohne Ziel«, wie er es nannte. Durch die Sahara, vielleicht nach Südafrika, danach auch noch die Route 66 von Norden bis Süden durch den amerikanischen Kontinent. Abenteuer nannte er das, was ihm andere als Flucht auslegten.

Als Spinnerei bezeichnete Renate seinen Traum, den er verwirklichen wollte. Dennoch hielt sie ihn nicht fest, sie ließ ihn gehen im Glauben an eine unverbrüchliche Liebe.

Am späten Abend verließen die beiden die Gruppe der feiernden Freunde, verschwanden hinter der Halle und über die Straße in Richtung Kurpark, liebten sich im Dickicht, versprachen sich gegenseitig, aufeinander zu warten und überreichten sich Abschiedsgeschenke.

Noch in derselben Nacht fuhr er los.

Er erfüllte sich seinen Traum. Als er Jahre später nach Deutschland zurückkehrte, hatte er nicht nur große Teile der Welt mit dem Motorrad durchfahren, sondern auch in der Schweiz das Vordiplom in seinem Ingenieurstudium abgelegt. Dort hatte er vor seinem

Wechsel nach Clausthal-Zellerfeld studiert, um die Zeit zu überbrücken und nicht doch noch zum Wehrdienst in Deutschland eingezogen zu werden. Er hatte sich ohne finanzielle Unterstützung seiner Eltern durchgeschlagen und irgendwann fast schon vergessen, dass dort in Aachen Vater und Mutter warteten.

Nur an Renate dachte er oft.

Doch sie schien verschwunden. Auf seine Karten und Briefe reagierte sie nicht. Seine gelegentlichen Anrufe gingen ins Leere. Ihre Familie war unbekannt verzogen – so hatte ihm ein Detektiv vor einigen Jahren auftragsgemäß berichtet. Offenbar kannte niemand mehr in Aachen seine Liebe Renate.

Irgendwie war er deswegen sogar erleichtert.

Und dennoch wuchs das Unbehagen.

Was wäre, wenn ...?

Autobahnkreuz Köln-West, Wechsel auf die A4 und dann hinter dem unübersichtlichen Aachener Kreuz bis nach Aachen hinein.

Er kannte sich nicht mehr aus. 30 Jahre hatten viele Veränderungen gebracht. Oder hatte er vieles vergessen? Die Hinweisschilder an den Hauptverkehrsstraßen zum Hotel erleichterten ihm die Suche bei der Fahrt durch die Stadt. Als er sich an der Rezeption anmeldete, wurde er behandelt wie jeder andere Gast auch, nicht wie ein Rückkehrer.

»Professor Horn? Ja, für Sie ist ein Einzelzimmer reserviert. Wie gewünscht, ruhige Lage. Einen angenehmen Aufenthalt in Aachen wünschen wir Ihnen.«

Er dankte und überprüfte im sauberen und geräumigen Zimmer zunächst die Zusicherung der »ruhigen Lage«. In der Tat hörte er nichts vom Autolärm auf der Franzstraße, als er das Fenster öffnete und auf das Marschiertor [4] blickte. Er kramte nach dem Filofax, suchte die Telefonnummer und rief den Notar an, derweil er seinen Blick aus dem Fenster schweifen ließ und sich an dem Anblick des historischen Gebäudes ergötzte.

Für Horn war die Begegnung überraschender als für den Notar, obwohl er eine Vermutung gehabt hatte.

»Ich wusste doch, dass du es bist, Manfred«, begrüßte ihn der Jurist überschwänglich in seinem schlicht-eleganten Büro in einem neuen Geschäfts- und Wohnkomplex an der Theaterstraße. Der moderne Neubau aus Stahl und Glas passte nicht so recht in das Bild, das sich Horn von seinem Geburtsort gemacht hatte. Er erinnerte sich eher an viergeschossige Fassaden aus der Zeit des Jugendstils oder der Gründerzeit, so wie er sie teilweise noch bei der Fahrt durch die Stadt vorgefunden hatte, als an diese moderne Architektur.

Durch die erste Begegnung mit dem Notar fühlte er sich bestätigt. Werner Schmitz war in der Tat einer seiner Kameraden gewesen, mit denen er für das Abitur gepaukt hatte zu einer Zeit, als es weder Leistungskurse noch Tutoren, sondern Klassenverbände, Klassenlehrer und freiwillige Arbeitsgemeinschaften gab.

»Du hast dich überhaupt nicht verändert, immer noch der Sonnyboy und Strahlemann.«

Horn schwieg dazu. Er hätte aus dem angedickten, kurzatmigen Notar kein jungenhaftes, schlankes Bild filtern können. Auf seine eigene äußerliche Veränderung hatte er nie geachtet. Solange das Gewicht im passenden Verhältnis zur Körpergröße stand und der sogenannte BMI stimmte, war alles in Ordnung. Und gegen das leicht grau unterlegte, hellbraune Haar wollte er nichts machen. Es kam bei den wenigen Studentinnen seines Lehrstuhls und den vielen Uni-Mitarbeiterinnen gut an.

Er war Junggeselle geblieben – wegen Renate, wenn er ehrlich zu sich selbst war.

»Du kommst zum rechten Zeitpunkt«, unterbrach der Notar seine Gedanken. »Morgen ist ein Klassentreffen. Habe ich organisiert. Fast alle kommen. Du bist doch auch dabei, wenn du schon mal im Städtchen bist. Oder?«

Horn nickte. Wenn er schon mal hier war.

Renate würde er dort wahrscheinlich nicht treffen. Seine Liebe hatte nicht zur Klasse gehört und war außerdem nach seinem Wissensstand spurlos verschwunden.

Der geschäftliche Teil des Gesprächs war schnell erledigt. Der Notar hatte sich hinter dem fast leeren Schreibtisch verschanzt, auf dessen Platte lediglich ein Telefon und ein Bildhalter standen, in dem die Fotografie einer jungen Frau mit asiatischem Antlitz steckte.

»Mein Goldstück«, sagte Schmitz selbstgefällig, als er das Bild an Horn zur Ansicht reichte.

Nach dem Testament erhielt Horn als Alleinerbe

neben dem Mobiliar aus der Wohnung in der Seniorenresidenz in Burtscheid eine gut gefüllte Schmuckkassette, ein Girokonto, ein umfangreiches Aktiendepot und ein beachtliches Sparbuch.

»Dafür muss eine alte Frau lange stricken«, sagte Schmitz lapidar. »Bestimmt mehr als eine Million Euro, wenn ich grob überschlage. Selbst wenn du die Erbschaftssteuer abziehst, bleibt noch ein dicker Batzen für dich.«

Das Geld interessierte Horn nicht sonderlich. Er hatte genug, um ein angenehmes, unbeschwertes Leben zu führen. Einige Patente bescherten ihm ein Dasein ohne finanzielle Sorgen. »Was ist aus den Häusern meiner Eltern geworden?«, fragte er. Etwas sträubte sich in Horn, »mein Elternhaus« zu sagen.

»Hat deine Mutter zur richtigen Zeit zu einem verdammt guten Preis verkauft. Soviel ich weiß, ist in der Adalbertstraße jetzt ein Schnellimbiss drin und in der Krämerstraße [5] eine Boutique.«

Der Notar war zweifelsohne ein Organisationstalent. Fast alle ehemaligen Abiturienten versammelten sich pünktlich am Karlsbrunnen auf dem Markt [6]. Wo auch sonst?, fragte sich Horn schmunzelnd. Der Treffpunkt mitten im Zentrum ließ alle Wege offen, zur Altstadt hinab genauso wie ins Studentenviertel. Der Weg ins Grüne war auch nicht viel weiter. Ebenso gab es für Lauffaule an dieser Stelle und ihrer näheren Umgebung nicht nur Sehenswürdigkeiten, sondern auch Restaurants und Kneipen zuhauf.

Horn hatte Schwierigkeiten, den Gesichtern Namen zuzuordnen. Die Männer und wenigen Frauen in seinem Alter waren ihm fremd. Fremder noch als diese Stadt, die ihm dennoch Herzklopfen verursachte, als er die Fassaden der umliegenden Häuser und das historische Rathaus **7** betrachtete.

Im Gegensatz zu ihm erkannten sich die anderen und wussten schnell von gemeinsamen Erlebnissen zu berichten. Wenige waren in Aachen geblieben, die meisten waren weggezogen und als Lehrer, Ärzte, Juristen und Beamte tätig. Viele waren als Akademiker oder Bürokraten erfolgreich – und es gab einen Professor.

»Du bist halt immer die Ausnahme gewesen«, lachte Schmitz, der sich eigenmächtig zu seinem Paten gemacht hatte.

Der Notar führte die Gruppe stolz durch den Stadtkern. Er sang sein Loblied auf die Stadt, als er von der Erweiterung um die neuen Ortsteile bei einer Einwohnerzahl von etwas über 240.000 und die wirtschaftliche Bedeutung des neuen Campus Melaten berichtete, der Aachens Ruf als Stadt der Wissenschaft noch stärken würde. Mit dem Campus Melaten würde auf dem Erweiterungsgebiet der RWTH Aachen in unmittelbarer Nähe zum Universitätsklinikum ein topmodernes neues Zentrum entstehen, behauptete Schmitz. Neben Hochschuleinrichtungen sollen auch ein Hotel, ein Weiterbildungs- und Qualifizierungszentrum sowie eine Kindertagesstätte geschaffen werden. Der knapp zwei Kilometer lange Campus-Boulevard würde in einigen Jahren als »Lebensader« die bestehenden Institute mit den neuen Forschungsclustern verbinden.

»Die ehemalige Tuch- und Printenstadt hat sich gewandelt. Auch die Industrie – Philips oder Continental beispielsweise – spielt längst nicht mehr die Rolle, die sie einmal innehatte. Dienstleistung und Handel sind wichtig geworden. Die RWTH und die dadurch entstehenden neuen Unternehmen sind unsere Zukunft.« Er sprach vom *Streetscooter*, was niemandem etwas sagte. Das sei ein an der RWTH entwickeltes Elektroauto, das ausschließlich für die Deutsche Post hergestellt würde. »Aachen wird damit zur Automobilstadt«, jubilierte Schmitz.

Das heutige Aachen war eine andere Stadt als die, die Horn in Erinnerung hatte. Sie war nicht größer geworden, sie war anders. Das wurde ihm bewusst, als der ortskundige Notar die Gruppe über den Katschhof [8] führte und dabei nicht einmal mehr einen Blick auf die rückwärtige Front des Rathauses oder für den Aachener Dom übrig hatte. Dem Notar und den hier Lebenden waren diese Gebäude so vertraut und damit selbstverständlich geworden, dass sie sie nicht einmal mehr für erwähnenswert erachteten. Viele Geschäftslokale in den kleinen, oft nur zweigeschossigen Häusern entlang der Straßen und Plätze in der Altstadt hatten nach Horns Eindruck offenbar die Inhaber gewechselt. Als sie über die Krämerstraße gelaufen waren, hatte Horn sich noch nicht einmal für das Haus interessiert, in dem er seine Kindheit und Jugend verbracht hatte. Es war ihm fremd geworden, so wie ihm die gesamte Stadt fremd vorkam.

Horn vermisste die alten Namen, wie etwa »Wilhelmy« oder »Noppeney«. Früher wäre es ihm wahrscheinlich nicht aufgefallen und hätte ihn auch nicht sonderlich interessiert, wenn etwa am Fischmarkt [9] ein neues Geschäft eröffnet hätte, das mit dem Fischverkauf überhaupt nichts zu tun hatte, oder am Domhof Waren verkauft worden wären, die sich nicht auf den Dom oder Karl den Großen bezogen. Jetzt rieb er sich daran, dass Aachen nicht so war, wie er die Stadt in seiner Erinnerung behalten hatte. Heute war Aachen eine Stadt im Umbruch und versuchte langsam, die Lücken zu schließen, die der Verlust der wirtschaftlichen Bedeutung gerissen hatte.

»Der internationale Tourismus in Aachen, der bringt viel Geld in die Stadt.« Das sei ein zweites Faustpfand neben den Studenten.

Als wollte Schmitz seine Worte mit Taten unterstreichen, führte er die Gruppe noch einmal durch den historischen Stadtkern mit Dom, Katschhof und Rathaus. »Hier in dieser Idylle findet auf dem Markt, dem Katschhof und dem Münsterplatz [10] auch der Aachener Weihnachtsmarkt [11] statt. Er ist mit Abstand der schönste in Deutschland«, behauptete er mit größter Selbstverständlichkeit, die von Horn als anmaßende Überheblichkeit gewertet wurde. Bei der Erwähnung des Münsterplatzes war er kurz hellhörig geworden. Dort war er in einem Haus geboren worden, aber schon wenige Monate nach seiner Geburt waren die Eltern in die Krämerstraße umgezogen. Schwitzend winkte der Notar seine Gruppe zusammen, um mit ihnen im traditionsreichen »Domkeller« am Hof **12** Einkehr zu halten.

Horn staunte während der Rast über die Gesprächsthemen. Familie, Gesundheit, Karriere, besonders aber die Ereignisse der gemeinsamen Schulzeit wurden ausgiebig besprochen. Das meiste war ihm unbekannt. Was gelogen, was verfälscht, was wahr war, interessierte ihn nicht sonderlich. Er blieb stummer Zuhörer.

»Für den Abend habe ich noch eine besondere Attraktion für euch«, ließ sich Schmitz vernehmen. »Ich habe die Erlaubnis erhalten, im Neuen Kurhaus **13** eine Führung zu leiten. Ist eine besondere Ehre. Normalerweise ist das Haus während des Umbaus für Besucher tabu.«

Mit wachsender Erregung folgte Horn seinen ehemaligen Klassenkameraden zur Monheimsallee. Die Erinnerung an Renate stieg.

Sein Atem stockte, als er den Eingang zum Kurpark erblickte. Dann trottete er hinter den anderen her und ließ sich beim Rundgang durch die Baustelle treiben, ohne den Erläuterungen Gehör zu schenken. Er langweilte sich und bedauerte schon seine Teilnahme an diesem Klassentreffen. Am Ende der uninteressanten Besichtigung atmete er deshalb erleichtert auf. Die Einladung zu einem Umtrunk im benachbarten Restaurant hätte er gerne abgelehnt, doch zerrte ihn der schwitzende Notar mit.

»Mitgegangen, mitgefangen, mitgehangen«, sagte Schmitz lachend.

Beim geselligen Beisammensein kreisten die Gespräche wieder um die üblichen Themen. Niemand sah eine Notwendigkeit, Horn einzubinden.

Er kam sich ein wenig verloren vor. Er hatte Schmerzen. Die Gedanken an Renate machten sich mehr und mehr breit. Die Frau, seine Liebe, sie waren nahezu körperlich spürbar.

Es ging nicht anders, er musste tätig werden.

»Was ist eigentlich aus Renate geworden?«

Urplötzlich brach die Unterhaltung ab. Alle schauten ihn an, erstaunt darüber, dass er das Wort ergriffen hatte, überrascht wegen der Frage, die nicht jedermann auf Anhieb verstand.

Endlich räusperte sich einer, ein Oberstudienrat, wie Horn glaubte. »Du meinst *deine* Renate? Ich dachte, die ist mit dir gefahren, damals, als ihr bei der Abifeier in der Nacht verschwunden und nicht wieder aufgetaucht seid?«

Horn schüttelte den Kopf.

»Soweit ich mich erinnere«, fuhr der Mann fort, »seid ihr beide gemeinsam gegangen. Wir haben geglaubt, sie hätte dich begleitet.«

Die Gespräche wollten nicht mehr in Gang kommen. Wie ein Schatten schien die Frage nach Renate über ihnen zu hängen.

Wo war Renate? Was war mit ihr geschehen?

»Du warst der Letzte, der mit ihr gesehen wurde«, machte sich Schmitz bemerkbar. »Ist sie etwa nicht mit dir ...?«

Horn verneinte.

»Dann ist sie«, Schmitz schluckte schwer, »dann

ist sie also in der damaligen Nacht verschwunden.« Er legte eine Pause ein. »Und niemand hat je wieder etwas von ihr gehört oder gesehen.«

Horn erhob sich und ging grußlos. Der Vollmond am wolkenlosen Himmel gab ihm genügend Licht. Wie magisch angezogen lief er in den Kurpark, fand die Stelle, an der er mit Renate die Nacht verbracht und an der er sie zurückgelassen hatte. Er erinnerte sich an ihr Handeln, ihr Reden, ihr Lieben, er sah wieder ihren Blick, als er Abschied nahm.

Er torkelte durch die hoch aufragenden, alten Bäume hin zu dem kleinen Platz, an dem er damals sein Motorrad abgestellt hatte.

Hier, wo sein Leben beginnen sollte, hatte es, wie er 30 Jahre später erfahren musste, offensichtlich seinen Sinn verloren.

Renate gab es nicht mehr.

Der Schuss, der durch die Luft peitschte, ließ ihn zusammenzucken. Dann brach er zusammen.

»Manfred, du hast mehr Glück als Verstand.« Nur leise vernahm Horn die Worte. Durch einen Schleier blickte er in das Gesicht eines grün gekleideten Mannes.

»Ich bin's, dein alter Kumpel Paul«, hörte er eine beruhigend klingende Stimme. »Ich habe dich wieder ins Leben zurückgeholt.«

Mühsam drehte Horn den Kopf. Er lag in einem Krankenbett, verkabelt und angestöpselt an Ampullen und Apparaturen.

»Du bist bei uns im Klinikum gelandet. Feuerwehrleute haben dich zufällig bei einer Nachtübung gefunden, nachdem sie einen Schuss gehört haben. Ich habe dich noch in der Nacht operiert. Du hast verdammt viel Schwein gehabt, alter Schwede.«

Paul? Wer war Paul?

»Du warst nicht beim Klassentreffen, oder?« Das Reden fiel Horn schwer, es klang mehr nach einem Krächzen.

»Nein, so einen Unfug mache ich nicht mit. Ich flicke lieber Menschen zusammen«, antwortete der Mediziner. Er wollte gehen.

»Eine Frage noch.« Horn hielt ihn zurück. »Weißt du, was aus Renate geworden ist?«

»Deine Renate?« Der Arzt versuchte ein Lächeln und schüttelte den Kopf. »Wir haben geglaubt, sie ist mit dir gegangen. Ist sie etwa nicht?«

Er erhielt keine Antwort. Horn war erneut eingedämmert.

Erstaunlich schnell kam Horn wieder auf die Beine. Die gute Behandlung, mehr aber noch die langen Gespräche mit Paul Jerusalem trugen zur raschen Genesung bei. Sie hatten zwar ihre Gymnasialzeit gemeinsam verbracht, waren aber nie Freunde gewesen. Sie hatten sich als Klassenkameraden respektiert; nicht mehr, aber auch nicht weniger.

Der Notar brachte ihn aus dem Krankenhaus zurück ins Hotel an der Franzstraße.

»Willst du im schönen Aachen heimisch werden?«

»Nein«, war Horns knappe Antwort. »Ich verschwinde bald wieder. Aber zunächst habe ich etwas zu erledigen.«

»Und was?«

Horn winkte ab. »Ich muss doch der Polizei helfen, denjenigen zu erwischen, der auf mich geschossen hat. Oder?«

»Kannst du abhaken. Wie ich beim Juristenstammtisch von einem Kommissar mitbekommen habe, werden die Ermittlungen wohl eingestellt. Schuss aus irgendeiner Jagdflinte, die es massenhaft gibt. Keine Spuren im Park, die auf irgendeinen Täter hinweisen. Ich weiß es aus dem Dezernat für Tötungsdelikte im Polizeipräsidium. Da herrscht jetzt dicke Luft, weil der Chef stinksauer ist. Der Böhnke kann es gar nicht leiden, wenn ihm ein Mörder oder versuchter Mörder durch die Lappen geht.« Schmitz grinste gequält. »Du hast es nicht mitbekommen, aber kurz, nachdem du von der Feuerwehr gefunden wurdest, hat es ein gewaltiges Sommergewitter gegeben.«

Nachdenklich legte sich Horn auf das Bett in seinem Hotelzimmer. Er tat, was er lange nicht getan hatte. Er nestelte an seiner Halskette und nahm den daran befestigten Ring in die Hand, ein Teil seines Abschiedsgeschenks für Renate.

Sein Vater hatte den Schmuck gefertigt, ein Paar fast identischer Ringe. Ursprünglich war der Schmuck für seine Schwester bestimmt gewesen, doch als sie und ihr Verlobter bei einem Unfall starben, hatte der Vater ihm die einmalige Anfertigung übergeben. Den Ring für die Frau, den hatte er in der Nacht Renate angesteckt, den Ring für den Mann, den trug er seitdem an der Halskette. Zärtlich küsste er das Metall.

»Das verspreche ich dir, Renate, ich überführe deinen Mörder.«

Tagelang lief er durch Aachen, beobachtete das Geschehen am Markt, auf dem Katschhof, lungerte vor dem Büro von Schmitz an der Theaterstraße herum, ohne sich dazu durchzuringen, den ehemaligen Weggefährten zu besuchen, und überlegte lange, ob er den Kontakt zur Kripo suchen sollte.

Wie war noch mal der Name des leitenden Ermittlers, den Schmitz ihm genannt hatte? Böhnke, so hieß der Chef, erinnerte er sich endlich. Vielleicht sollte er mit ihm sprechen. Doch dann entschied er sich dagegen.

Endlich glaubte er, den richtigen Schritt machen zu können. Begleitet von Jerusalem suchte er das schmucke Haus an der Oppenhoffallee im Frankenberger Viertel **14** auf. Eine kleine, augenscheinlich aus Thailand stammende junge Schönheit öffnete ihnen.

Die Frau ließ sie gutgläubig eintreten, nachdem sie sich als vermeintliche Freunde ihres Mannes vorgestellt hatten, mit dem sie verabredet seien.

Sie trage schöne Ringe, schmeichelte ihr Horn. »Alle aus Gold?«

»Nein.« Bereitwillig streckte sie ihm ihre Hände entgegen. »Einer ist aus Metall.«

»Darf ich?«, aufgeregt griff Horn nach ihren zierlichen Fingern. »Ich habe hier einen Ring, der Ihrem sehr ähnelt.« Schnell drückte er seinen Ring gegen den der Frau. Sofort verbanden sie sich. Nahtlos schob sich der schmale Stift an seinem Ring in die kleine Einlassung des anderen Ringes.

Horn sah Paul an, der zustimmend nickte.

»Von wem haben Sie den Ring?«

»Er ist von meinem Mann. Ich habe ihn in einer Schublade gefunden. Er ist so schön, da habe ich ihn mir genommen.«

Das Öffnen der Haustür unterbrach das Gespräch.

»Was macht ihr hier?«, keuchte der Notar.

»Was schon, du feige Ratte?«, brauste Horn auf. »Ich will dich ans Messer liefern. Du hast Renate auf dem Gewissen.«

Der Widerstand des Notars war nur gering. Er brach zusammen, als Horn ihm die füreinander geschaffenen Ringe vorhielt.

»Du hast Renate den Ring abgenommen. Damals in der Nacht. Was ist passiert?« Horn musste sich beherrschen, um nicht nach Schmitz zu greifen und ihn zu schütteln.

Der Notar ließ sich in einen Sessel fallen. Schweiß floss ihm über die kahle Stirn.

»Ich wusste es. Ich habe es immer gewusst, einmal kommt es heraus.«

»Was?« Horn hatte Angst vor dem, was er erfahren würde. Aber er wollte es wissen. Er war es seiner Liebe schuldig.

»Du bist selbst schuld«, schrie ihn der Notar an. »Du,

der immer alles besser wusste, der immer die tollsten Mädchen hatte, der alles konnte und alles bekam. Und dann hast du auch noch Renate bekommen, auf die wir alle scharf waren.« Er rang nach Atem. »Wir sind euch gefolgt, haben euch beobachtet und gesehen, wie ihr es getrieben habt. Als du dann weg bist, haben wir uns mit Renate amüsieren wollen. Warum hat sie sich bloß gewehrt? Wir wollten doch nur unseren Spaß.«

Horn traute seinen Ohren nicht. Da redete ein Verbrecher von Spaß, wenn er sich an einer Frau vergehen wollte. Er war fassungslos und hätte in seiner Wut auf Schmitz eingedroschen, wenn ihn nicht Jerusalem mit einem festen Griff zurückgehalten hätte.

»Und was ist mit dem Ring?« Der Arzt fragte, weil Horn in seinem Entsetzen keine Worte mehr fand.

»Den habe ich ihr aus Spaß abnehmen wollen. Sie hat sich gewehrt, mich gebissen, da habe ich zugeschlagen. Plötzlich war sie tot. Wir haben sie weggebracht, in einem Loch verscharrt. Von ihr ist nichts mehr zu finden. Allen anderen haben wir danach gesagt, sie sei mit dir weggefahren.« Wieder rang der Notar nach Luft. »Und dann tauchst du auf und fragst nach Renate. Wir alle hatten sie vergessen. Dann wurde uns klar, dass du nach ihr forschen würdest. Wir wollten es verhindern, wir sind dir gefolgt, doch du hast Glück gehabt, dass der Schuss dich nicht tötete. Aber jetzt ist alles vorbei.«

»Wer ist wir?« Paul stellte die letzte Frage, auf die der Notar eine letzte Antwort gab.

»Ich ...«

Dann war es in der Tat vorbei. Die Zyankalikapsel, die Schmitz aus seinem Siegelring genommen und zerbissen hatte, tat ihre schnelle Wirkung.

»Wie bist du auf Schmitz gekommen?«, fragte der Arzt einige Tage später, als sie wieder einmal gemeinsam speisten.

»Er hat eine Fotografie seiner Frau auf dem Schreibtisch. An einem Finger trug sie Renates Ring.«

»Und jetzt bist du zufrieden?«

Horn blieb eine Antwort schuldig.

Konnte er zufrieden sein, weil er endlich Renates Schicksal kannte?

Konnte er wirklich zufrieden sein, obwohl es neben Schmitz noch mindestens einen zweiten Mann gab, der unerkannt blieb?

Nein, er war nicht zufrieden. Er würde zurückziehen nach Aachen, um das Verbrechen restlos aufzuklären und um Ruhe zu finden. Das war er Renate schuldig.

Böhnke würde ihm dabei helfen.

Der Kommissar hatte es ihm versprochen.

FREIZEITTIPPS

[1] Stolz ist die Stadt Aachen darauf, dass der Aachener Dom 1978 als erstes deutsches Kulturdenkmal in die Weltkulturerbeliste der UNESCO aufgenommen wurde. Der Ursprung des Doms ist die auf Veranlassung von Kaiser Karl gebaute, 805 geweihte Pfalzkapelle. Sie bildet Basis und Zentrum des heutigen Doms. Im Laufe von 1200 Jahren erhielt das Gebäude seine aktuelle Gestalt. Der Dom gilt als eines der bedeutendsten Kulturdenkmäler Europas und ist eines der besterhaltenden Baudenkmäler der Karolingerzeit. Fast 600 Jahre lang (von 936 bis 1531) wurden hier 30 deutsche Könige gekrönt.

[2] Der Dom hat seine Gestalt und sein Äußeres im Verlauf der Jahrhunderte seit 805 erheblich verändert. Von seiner ersten Ausstattung sind mehr als 20 antike Säulen, acht Bronzegitter und vier Bronzetore erhalten geblieben. Dazu gehören auch die großen Türen des Eingangsportals, die auch »Wolfstüren« genannt werden. Sie wurden an Ort und Stelle nach dem römischen Vorbild gegossen. In der Aachener Dombau-Sage spielen diese Türen eine wesentliche Rolle. Nach dieser Sage erlebten die Aachener das, waa auch bei der Elbphilharmonie in Hamburg oder beim Flughafen BER passierte: Das Geld ging aus. Der Teufel

witterte seine Chance und bot finanzielle Unterstützung an. Im Gegenzug forderte er die Seele desjenigen, der als erster in den fertigen Dom eintrat. Die Aachener gingen zur Freude des Teufels auf den Handel ein. Der hatte aber nicht mit deren Raffinesse gerechnet: Sie jagten einen Wolf in das Gotteshaus. Der Teufel fühlte sich betrogen, riss dem Wolf die Seele aus und rannte blind vor Wut davon. Dabei schlug er die Domtür derart vehement zu, dass er seinen Daumen einklemmte. Der Daumen blieb in der Tür hängen, die rechte »Wolfstür« selbst bekam einen Riss. Angeblich ist der Teufelsdaumen noch heute im Löwenkopf der Tür zu ertasten.

3 Der Kurpark befindet sich zwischen Monheimsallee und Passstraße und ist im Stil eines englischen Gartens angelegt. Auf dem rund 2,3 Hektar großen Gelände wurde auf dem Wingertsberg der einzige »Weinberg« von Aachen mit genau 99 Rebstöcken angepflanzt. Auch gibt es in dem ehemaligen, 1852 angelegten Stadtgarten einen Rosengarten mit der Sonderzüchtung »Gruß aus Aachen«. Das innerstädtische Naherholungsgebiet ist geprägt von zahlreichen stattlichen Bäumen. Alljährlich finden dort die »Kurpark Classix« statt. Bei den Konzerten unterschiedlicher Musikrichtungen treten zum Teil weltbekannte Künstler unter freiem Himmel auf.

4 Das wahrscheinlich Mitte des 13. Jahrhunderts erbaute Marschiertor gehört zu den mächtigsten Stadttoren Westeuropas. Neben dem Ponttor ist es das einzige noch erhaltene der ehemals elf Stadttore in Aachen. Nachdem es durch Brandbomben 1943 massiv beschädigt wurde, war das Marschiertor nach dem Zweiten Weltkrieg viele Jahre nur provisorisch wiederhergestellt worden. Dank der Stadtgarde Oecher Penn, die 1964 die Verantwortung für das Gemäuer übernahm und die es zu ihrem Stammsitz machte, wurde es wieder zu einem attraktiven Kleinod. Seit Juni 2009 ist das Marschiertor als eines der schönsten historischen Bauwerke der Stadt Teil des »Lichtprojekts Aachen«, und wird nachts angestrahlt.

5 Zentrale Einkaufspassage in der Altstadt ist die schmale Krämerstraße. Sie verbindet als reine Fußgängerzone mit zahlreichen kleinen Geschäften Dom und Markt. Ein Anziehungspunkt ist der 1975 von Bonifatius Stirnberg geschaffene Puppenbrunnen bestehend aus unterschiedlichen, beweglichen Figuren aus Bronze, die für Aachen Typisches darstellen.

6 Der Karlsbrunnen gilt als das Wahrzeichen von Aachen und steht im Mittelpunkt des Marktplatzes vor dem Rathaus. Der Brunnen, der auch Marktbrunnen genannt wird, besteht seit 1334 und dürfte der älteste der Stadt sein. Das Original der Bronzestatue von Kaiser Karl, die im 17. Jahrhundert im belgischen Dinant gegossen wurde, steht im Rathaus. Der Markt hat wie viele Plätze in Aachen eine Dreiecksform.

7 Das Rathaus ist neben dem Dom das auffälligste historische Bauwerk der Stadt. Es erlebte viele An- und Umbauten und ist damit ein Zeugnis der Baukunst vieler Jahrhunderte. Der Granusturm stammt noch aus der Zeit Karls des Großen. Ansonsten blieben nur noch die Grundmauern des karolingischen Palastbaus erhalten. Auf ihnen wurde im 14. Jahrhundert das gotische Rathaus gebaut. In diesem Rathaus fanden zwischen 936 und 1531 die Aachener Königskrönungen statt. An diese Zeit erinnert der eindrucksvolle Krönungssaal, der auch heutzutage noch für festliche Anlässe genutzt wird. Im 17. und 18. Jahrhundert gab es einen weiteren Umbau, bei dem das Rathaus zum barocken Stadtschloss wurde.

8 Der idyllische Katschhof liegt zwischen Dom und Rathaus. Auf der einen Seite wird der attraktive Platz von Bürgerhäusern flankiert, auf der anderen von Gebäuden der Stadtverwaltung, des neuen Stadtmuseums Centre Charlemagne und der Domsingschule. Seit 1951 hat der Katschhof sein heutiges Aussehen. Er ist Schauplatz vieler Veranstaltungen. Der Name des Katschhofes hat seinen Ursprung in Kaxhoff oder Kackshoff. Damit war die Stelle gemeint, an der der Pranger stand. In seiner unmittelbaren Nachbarschaften befanden sich die Gerichtsstätte, genannt die Acht, und die Vollstreckungsstelle.

9. Der Fischmarkt war schon früh ein Zentrum des städtischen Lebens. Heute im historischen Teil der Stadt in unmittelbarer Nähe zum später erbauten Dom neben dem Domhof gelegen, bildete er schon in römischer Zeit einen Ort, an dem wichtige Straßen kreuzten, so etwa die Straße nach Maastricht und die Straße nach Heerlen. Enttäuscht vom Fischmarkt sind allenfalls ortsunkundige Besucher, die dort irrigerweise noch Fischgeschäfte vermuten. Allenfalls an Markttagen gibt es einen Verkaufsstand mit Fisch.

10. Der Münsterplatz war der traditionelle Ort des Aachener Goldschmiedehandwerks. Hier finden der Blumenmarkt, Flohmärkte und Kunsthandwerkermärkte statt. 1338 gab es an dieser Stelle einen Friedhof, den »großen Kirchhoff« neben dem »kleinen Kirchhoff«, dem heutigen Domhof. Erst um 1838 wurde der Platz in Münsterplatz umbenannt.

11. Der rund vierwöchige Aachener Weihnachtsmarkt in der Kulisse der historischen Altstadt gehört mit rund 1,5 Millionen Besuchern zu den zehn größten Weihnachtsmärkten Deutschlands. 2014 wurde er bei einer Internetumfrage zum zweit-

schönsten Weihnachtsmarkt in Europa und zum schönsten in Deutschland gewählt. 2015 landete er bei der Umfrage europaweit auf dem dritten und deutschlandweit wieder auf dem Spitzenplatz. Über 130 Händler, Handwerker, Künstler und Gastronomen bieten rund um Dom und Rathaus ein umfangreiches Programm, das ein internationales Publikum anzieht.

12 Der Hof ist einer der vielen schönen Plätze der Altstadt, der in ruhiger Atmosphäre zum Verweilen und zu einer Ruhepause einlädt. Aufmerksamkeit erregt die gewaltige römische Bogenkonstruktion, die erst nach dem Zweiten Weltkrieg freigelegt wurde. Zu den Blickfängen des Platzes gehört auch das zweigeschossige Giebelhaus, in dem sich der Domkeller befindet. Es wurde im 17. Jahrhundert mit der für Aachen typischen Fassade aus Steinfachwerk aus Ziegel und Blaustein gebaut, nachdem der verheerende Stadtbrand von 1656 die Häuser am Hof in Schutt und Asche gelegt hatte.

13 Das denkmalgeschützte Neue Kurhaus in Aachen wurde als neoklassizistisches Gebäude von 1914 bis 1916 an der Monheimsallee erbaut. Es war der Anlaufpunkt des früheren Kurzentrums von Bad Aachen. Hinter seinem eindrucksvollen Säulenportal beherbergte das Neue Kurhaus von 1976 bis 2015 das Casino Aachen. Derzeit wird das Neue Kur-

haus umgestaltet. Über die zukünftige Verwendung ist noch nicht endgültig entschieden. Frühestens 2018 könnte in einen Teil des Neuen Kurhauses das Spielcasino wieder einziehen. In unmittelbarer Nähe befinden sich das Eurogress als Kongress- und Veranstaltungszentrum und die Carolus Thermen mit ihrem zum Kurpark offenen Biergarten.

14 Das Frankenberger Viertel ist ein beliebtes Wohn- und Arbeitsviertel in zentraler Lage. Geprägt wird das Viertel durch die klassische Gründerzeitbebauung. Der Kernbereich wurde durch die Aktiengesellschaft Frankenberg 1872 bis 1879 im Rahmen der Stadterweiterung mit großzügigen Straßenräumen, dem Frankenberger Park und dem Neumarkt entwickelt. Die Oppenhoff- und die Victoriaallee sind die Aushängeschilder und prägen das Viertel. Noble Stadtvillen aus der späten Gründerzeit schmiegen sich dort aneinander. An der Oppenhoffallee, seit 2008 wieder mit einem schmucken Grünstreifen in der Mitte versehen, stehen die größten Häuser mit schnörkeligen Putzfassaden, Erkern und Türmchen.

HASS KENNT KEIN ALTER

Ob es jemals Liebe gewesen war?

Diese Frage stellte sich nicht für Petra.

Inzwischen jedenfalls war es nur noch blanker, abgrundtiefer Hass, der die junge Frau und den greisenhaften Mann verband.

Petra war gerade einmal 18 Jahre alt gewesen und arbeitete, nachdem sie ohne Abschluss die Schule und deswegen im Streit das Elternhaus verlassen hatte, aushilfsweise als Serviererin in dem Restaurant am Elisenbrunnen [15], als sie den ehemaligen Unternehmer Martin Schulz kennenlernte.

Schulz, damals schon weit über 70, kam jeden Tag in das Restaurant, trank stets einen Kaffee und war äußerst spendabel, wenn sie es widerspruchslos duldete, dass er sie am Arm tätschelte oder ihr über das Gesäß streichelte.

Petra ließ sich die Anzüglichkeiten des Alten gefallen. Das üppige Trinkgeld entschädigte sie für diese kleinen Unannehmlichkeiten.

Sie brauchte das Geld, und sie brauchte es noch mehr, als ihr der aufdringliche Vermieter das kleine, möblierte Zimmer kündigte, nachdem sie ihn geohrfeigt hatte.

Der Kerl konnte seine Finger nicht bei sich lassen und hatte nicht nur einmal deutlich gemacht, dass er mehr von seiner jungen Mieterin wollte als nur die Miete für die Unterkunft. Als er im angetrunkenen Zustand handgreiflich wurde und ihr die Bluse zerriss, schlug sie zu.

Gerne nahm sie das Angebot von Schulz an, ein Gästezimmer in seiner Villa am Kaiser-Friedrich-Park 16 zu beziehen. Im Gegenzug sollte sie ihm im Haushalt behilflich sein, Einkäufe für ihn tätigen, ihm Gesellschaft leisten.

Angezogen von seinem Reichtum und seiner Großzügigkeit, wenn er ihre Designerkleidung bezahlte, gestattete sie es, wenn er abends zudringlich wurde, ihre Nähe suchte und bisweilen sogar in ihren Armen einschlief. Er hätte ihr Großvater oder sogar ihr Urgroßvater sein können, aber das war ihr einerlei; ihr ging es gut, sie hatte keine finanziellen Sorgen und begann bereits, sich Gedanken zu machen, wie sie vom Reichtum ihres Gönners profitieren könnte.

Denn ewig würde der millionenschwere, kinderlose Junggeselle nicht leben.

Er hatte keine Verwandtschaft, er war alleine auf der Welt, er hatte nur sie, und sie legte alles daran, sich unentbehrlich zu machen.

Ihr kam der Gedanke der Ehe und sie verstand es geschickt, die Gespräche so zu lenken, dass Martin sie um ihre Hand bat.

Die Erwartung, in jungen Jahren als reiche Witwe den Himmel auf Erden zu haben, ließ sie sofort zustimmen.

Heimlich und leise heirateten Petra und Martin, nicht nur standesamtlich, sondern auch kirchlich in St. Adalbert [17]. Gerne genoss sie die anschließenden gemeinsamen Auftritte auf dem gesellschaftlichen Parkett. Das ungleiche Paar sorgte für Naserümpfen und Getratsche. Das galt nicht nur für den Festakt im Krönungssaal des Rathauses bei der Verleihung des Karlspreises [18]. Auch in der Karnevalszeit bei der Vergabe des »Ordens wider den tierischen Ernst« [19] weidete sie sich geradezu an den empörten Blicken, die die gutsituierten Wohlstandsbürger ihr zuwarfen, wenn sie im Eurogress [20] in aufreizender Abendgarderobe am Arm des Greises durch die Reihen wandelte. Oder wenn sie lauthals »Oche alaaf« rief, während ihre ältliche Umgebung bei einem dezenten Andeuten des karnevalistischen Ausrufs blieb. Den närrisch angepassten Preis von 1.111,11 Euro pro Person, der für den Abend einschließlich einer Übernachtung nach der Gala im Quellenhof [21] verlangt wurde, zahlte der Alte quasi aus der Portokasse.

Doch all dies kümmerte Petra nicht. Sie genoss das sorgenfreie Leben.

Das war vor zehn Jahren gewesen.

Und immer noch lebte der nunmehr fast 90-Jährige. Mittlerweile behandelte Schulz Petra jedoch nicht mehr wie ein Kind oder seine Tochter, die er stolz in die Gesellschaft einführte. Sie hatte ihm zu dienen, seine bisweilen perversen Befehle zu erfüllen, zu gehorchen. Stets drohte er ihr mit dem Entzug des zukünftigen

Erbes, wenn sie sich widersetzen wollte. Er würde sein unermessliches Vermögen Stiftungen und sozialen Einrichtungen vermachen, kündigte er unverhohlen an.

Wenn sie sein Stammlokal am Elisenbrunnen besuchten oder im Park spazieren gingen, gab sich Schulz nach wie vor höflich und zuvorkommend. Waren sie jedoch allein in der großen Villa, dann degradierte er Petra zu seiner Sklavin. Da schreckte er auch nicht vor Peitschenhieben zurück, um sie hörig zu machen.

Begonnen hatte diese Wandlung, als Schulz bemerkt hatte, dass ihn Petra mit ihren ehemaligen Freunden betrog.

Er hatte sie ganz für sich haben wollen. Sie aber wollte ein eigenes, zweites Leben neben ihrer Ehe führen und nicht auf die körperliche Nähe eines Liebhabers und ihre sexuelle Erfüllung verzichten.

Nur die Hoffnung, bald selbst reich zu sein, ließ Petra bleiben, als der Machtanspruch von Martin immer größer und seine Anmaßung nahezu unerträglich wurde.

Die Gelegenheit, sich von dem verhassten alten Herrenmenschen zu lösen, sah sie, als sie Werner kennenlernte. Bei einem Einkaufsbummel war sie im neuesten Einkaufszentrum Aquis Plaza am Ende der Adalbertstraße auf den Mann in ihrem Alter gestoßen. Sie hatte ihn ertappt, als er eine Flasche Schnaps stahl. Sie nahm den Ladendiebstahl zum Anlass, ihn anzusprechen.

Nach der ersten, zufälligen Begegnung trafen sie sich häufiger, am liebsten im »Louisiana« in der Elisengalerie gegenüber dem Elisenbrunnen oder im »Besitos« im Kapuziner Karree in der ehemaligen Hauptpost 22 am Kapuzinergraben.

Werner gefiel ihr und sie gefiel offensichtlich auch ihm. Sie schliefen miteinander und lebten sogar für zwei Wochen in seiner einfachen Dachgeschosswohnung zusammen, als Schulz sich zu einer intensiven medizinischen Untersuchung ins Luisenhospital 23 begeben hatte. Warum er ins Krankenhaus ging, darüber machte sie sich keine Gedanken.

Sie sprachen ohnehin nicht über ihre eigenen Befindlichkeiten.

Werner war es, der die Idee äußerte, den Alten zu töten. Ja, er sprach sogar offen davon, ihn zu ermorden, damit sie reich und frei für ihn würde.

Petra schien dem Gedanken nicht abgeneigt. Wenn Werner für sie den Mord beging oder er sie maßgeblich unterstützte, sollte es ihr nur recht sein.

Sie behielt es für sich, dass sie schwanger war.

Schulz würde ihr nie verzeihen. Werner brauchte es nicht zu wissen.

Der Plan war simpel. In seinem Nebenjob als Aushilfsfahrer in einem Auslieferungslager für Apotheken war es für den als arbeitslos gemeldeten Werner ein Leichtes, mehrere Großpackungen des Blutverdünnungsmittels Marcumar zu stehlen. Er tauschte die Tabletten gegen Placebos aus. Wenn der Austausch irgendwann und irgendwo einmal bemerkt werden würde, wäre nicht herauszubekommen, wo er passiert war. Das hätte bei der Produktion ebenso geschehen können wie im Lager, beim Transport, in einer Apotheke oder schlussendlich beim Patienten selbst. Und die Alten, die das Zeug schluckten, kapierten eh nichts, sagte er sich. Ob Milchpulver oder Medizin, das verlängerte ihr Leben nicht mehr nachhaltig.

Petra mischte die pulverisierten Tabletten in großen Mengen unter das Essen und in die Getränke, die sie für Martin zubereitete.

Ohne es zu ahnen, wurde der Alte zum Bluter.

Ausgerechnet in den Tagen nach seiner Rückkehr aus dem Krankenhaus reizte er seine junge Frau bis zur Weißglut, was sie nur in ihrer Absicht bestätigte, Schulz sterben zu lassen.

Es bereitete ihm ein geradezu unbändiges Vergnügen, sie zu quälen, nackt mit Peitschenhieben durch die Wohnung zu treiben und abends in ein leeres, gekacheltes Zimmer einzusperren.

In ihrem Hass wehrte sie sich, wie es ihr Werner geraten hatte. Sie durfte Schulz nicht ins Gesicht oder auf die nackte Haut schlagen, sie sollte ihm Faustschläge in die Magengegend oder auf die Brust versetzen. Schläge direkt auf die Haut würden zu sofort erkennbaren Blutergüssen führen. Dann könnte jemand vielleicht Verdacht schöpfen.

Doch ließ sich Schulz von ihren kraftlosen Attacken offensichtlich überhaupt nicht beeindrucken. Er lachte nur hämisch über ihre schwächlichen Versuche und steigerte seine Quälerei.

Werner verlor schließlich die Geduld. Er stürmte

ins Haus, nachdem ihn Petra heulend angerufen hatte, rammte Schulz mehrmals die Faust in den Bauch, bis der Alte Blut spuckend zusammenbrach.

Eine Stunde später war Schulz tot. Die inneren Blutungen waren zu stark und konnten nicht gestoppt werden. Das verdünnte Blut konnte nicht gerinnen.

Petra informierte erst nach Stunden den Hausarzt ihres Ehemannes, der noch lange auf sich warten ließ. Sie hatte ausreichend Zeit, mögliche Spuren zu verwischen und das ausgespuckte Blut zu entfernen.

Aber das verlorene Blut hätte den Arzt wahrscheinlich auch nicht sonderlich interessiert. Er wirkte gelangweilt, als er die Leiche untersuchte und den Totenschein ausstellte. Einmal sei es für jeden vorbei, meinte er lakonisch, als er Beileid äußernd die Villa verließ.

Es hatte geklappt, Petra jubilierte.

Das Bestattungsunternehmen ließ nach ihrem Anruf nicht lange auf sich warten.

Emotionslos verfolgte sie, wie der Zinksarg mit der Leiche im schwarzen Kastenwagen verschwand.

»A-die-da«, flüsterte sie ohne Bedauern im besten Öcher Slang in Anlehnung an das französische Adieu, »ab mit dir auf den Westfriedhof [24].«

Die Nacht mit Werner wurde zu einer der intensivsten, die sie je erlebt hatte. Er wolle ein Baby, hatte Werner gesagt, und sie lächelte in sich hinein.

Sie war reich und frei, brauchte nicht zu arbeiten und konnte leben, so wie sie es wollte.

Der Dummkopf Werner wäre gewiss nicht auf Dauer der Mann an ihrer Seite, ein Kind nur eine Belastung. Doch diese beiden kleinen Probleme würde sie leicht lösen können.

Der Besuch des Kriminalkommissars noch vor dem Beerdigungstermin verwunderte Petra sehr. Die Obduktion, die der Hausarzt veranlasst habe, hätte ergeben, dass ihr Gatte nicht eines natürlichen Todes gestorben sei, sagte der ältere, grauhaarige Mann sachlich, der sich ihr als Rudolf-Günther Böhnke vorstellte. Jemand habe nachgeholfen. Mit einem Blutverdünnungsmittel, wahrscheinlich Marcumar. Und dieser jemand könne nur eine Person sein, die ständig in der Nähe des Verstorbenen gewesen sei.

Das könne nur sie sein, behauptete der Kommissar unaufgeregt. Er hielt ihr einen Durchsuchungsbeschluss unter die Nase und forderte seine Kollegen auf, in dem Haus nach dem Medikament zu suchen.

Doch Petra war sich sicher, niemand würde etwas finden. Der Böhnke ohnehin nicht, so gelangweilt und wenig interessiert, wie der aus der Wäsche schaute.

Sie hatte keine Vorräte mehr im Haus.

Werner hatte nach ihrer Liebesnacht die überzähligen Tabletten mitgenommen.

Wieso ihr Ehemann überhaupt obduziert worden war, wollte Petra wissen. Der Arzt habe doch anstandslos noch im Haus den Totenschein ausgefüllt.

Weil es der Hausarzt so wollte, bekam sie zur überraschenden Antwort. Ob sie denn nicht gewusst habe, dass ihr Mann nur noch kurze Zeit zu leben hatte? Im Krankenhaus sei bei der Untersuchung festgestellt worden, dass er unheilbar an Krebs erkrankt war und nicht mehr lange leben würde, höchstens noch ein halbes Jahr. Schulz hätte daraufhin seinen Hausarzt beauftragt, ihn nach einem kurzfristigen Ableben auf jeden Fall obduzieren und die Todesursache erforschen zu lassen. Die Kollegen vom Institut für Pathologie im Klinikum [25] hätten daraufhin die Leiche untersucht und seien zu eindeutigen Ergebnissen gekommen.

Unvermittelt änderte sich die Mimik des Kommissars. Das Gutmütige in seinen Augen war verschwunden. Sein strenger, kalter Blick machte Petra Angst.

»Den Mord hätten Sie sich sparen können«, hielt ihr Böhnke grimmig vor. »Mörder machen keine Erbschaft.«

Den Mord zu beweisen, sei ein Leichtes. Immerhin habe der von Schulz beauftragte Privatdetektiv ihre Liebschaft zu einem Mann namens Werner herausgefunden und dokumentiert. Die entsprechenden Unterlagen habe Schulz bei einem Notar hinterlegt.

»Diesen Werner haben wir heute Morgen beim Ladendiebstahl aufgegriffen. Bei einer Durchsuchung seiner Wohnung haben wir unter anderem neben vollständigen auch eine angebrochene Packung Marcumar gefunden. Und ich wette, wir finden darauf neben seinen auch Ihre Fingerabdrücke.«

Petra sah Böhnke trotzig an. Sollte sie abstreiten? Sich dumm stellen? Den Mord als Tat von Werner darstellen, der sie zum Mitmachen gezwungen hätte, weil sie ein Kind von ihm erwartete?

Böhnke hielt ihrem Blick mühelos stand. Er würde sie schlachten.

Werner hatte gestanden, was Petra nicht zu wissen brauchte.

FREIZEITTIPPS

15 Der Elisenbrunnen am Friedrich-Wilhelm-Platz ist die zentrale Anlaufstelle in der Innenstadt. Er gilt als Wahrzeichen von Aachen und soll die Bedeutung der Stadt als Bade- und Kurort herausstellen. Der von Karl Friedrich Schinkel entworfene Brunnen wurde in den Jahren 1824 bis 1827 als Trink- und Wandelhalle und damit Bestandteil der Kuranwendungen im Bad Aachen gebaut und wird als Musterbeispiel klassizistischer Baukunst betrachtet. Auch Casanova soll an dieser Stelle das gesundheitsfördernde Wasser getrunken haben. Noch heute sprudelt das schwefelhaltige, mineralienreiche Heilwasser, das wie faule Eier riecht und schmeckt, aus dem Rundbrunnen und kann kostenlos getrunken werden.

16 Der Kaiser-Friedrich-Park liegt im Süden von Aachen an der Aachener-und-Münchener-Allee. Er ist umgeben vom Freibad Hangeweiher, der Volkssternwarte, dem Paubach und dem Park des alten Klinikums. Im Park befinden sich unter anderem der Hangeweiher mit angrenzenden Terrassen und ein kleines Ausflugslokal.

17 Die Propsteikirche St. Adalbert am Kaiserplatz ist nach dem Dom die zweitälteste Kirche in Aachen. Sie ist dem 999 heiliggesprochenen Adalbert gewidmet und wurde 1005 geweiht. Sie war die Stiftskirche eines Kollegiatstiftes.

18 Erstmals wurde der Internationale Karlspreis zu Aachen 1950 vergeben. Er gilt als der älteste und bekannteste Preis, mit dem Persönlichkeiten oder Institutionen ausgezeichnet werden, die sich um Europa und die europäische Einigung verdient gemacht haben. Der Preisträger 2016 war Papst Franziskus. Die Verleihung fand ausnahmsweise nicht im Krönungssaal des Aachener Rathauses statt, sondern im Vatikan. Namensgeber des Preises ist Karl der Große, der als erster Einiger Europas gilt und mit Aachen unverrückbar verbunden ist; damit sollte eine Brücke zwischen europäischer Vergangenheit und Zukunft geschlagen werden. Die Idee des Karlspreises wurde am 19. Dezember 1949 aus der Bürgerschaft auf Initiative von Dr. Kurt Pfeffer geboren. Das von ihm formulierte Ziel: »Der Karlspreis wirkt in die Zukunft, er birgt gleichsam eine Verpflichtung in sich, aber eine Verpflichtung von höchstem ethischem Gehalt. Er zielt auf freiwilligen Zusammenschluss der europäischen Völker, um in neu gewonnener Stärke die höchsten irdischen Güter – Freiheit, Menschlichkeit und Frieden – zu verteidigen, den unterdrückten und Not leidenden Völkern wirksam zu helfen und die Zukunft der Kinder und Enkel zu sichern.« (Zitat entnommen: www.karlspreis.de)

[19] Der *Orden wider den tierischen Ernst* ist die einzige Auszeichnung, die seit 1954 vom Aachener Karnevalsverein (AKV) nicht für, sondern gegen etwas vergeben wird. Ziel der Karnevalisten ist es, die Politik durch Humor zu vermenschlichen. In den meisten Fällen sind es Politiker (u.a. Konrad Adenauer und Helmut Schmidt), die sich mit dem Orden schmücken können, aber es gibt auch Ordensträger fernab der Politik (etwa Ephraim Kishon, Mario Adorf oder Ottfried Fischer). 2017 ist Gregor Gysi der Ordensträger.

[20] Das Eurogress ist ein Kongress- und Veranstaltungszentrum an der Monheimsallee unmittelbar neben dem Neuen Kurhaus. Es ist nicht nur regelmäßige Spielstätte des Sinfonieorchesters des Stadttheaters Aachen und der Meisterkonzerte sowie weiterer Konzerte, sondern auch Ort internationaler Symposien und Konferenzen sowie der Verleihung des *Ordens wider den tierischen Ernst*.

[21] In der ersten Hälfte des 20. Jahrhunderts war der Quellenhof eine der »ersten Adressen« unter den deutschen Kurhotels. Er ist Bestandteil des in den 1910er Jahren entstandenen neuen Kurzentrums mit Kurhotel, Kurmittelhaus, Wandelhalle, Neuem Kurhaus sowie weitläufiger Parkanlage. Eine aufwendige Restaurierung machte

das Hotel direkt neben dem Eurogress wieder zu einem Hotel der Spitzenklasse.

22 Das Gebäude der ehemaligen Hauptpost ist Teil des innerstädtischen Einkaufszentrums Kapuziner Karree. Das 2003 eröffnete Kapuziner Karree befindet sich nach einem langwierigen Um- und Ausbau am Standort der Hauptpost. Die Aachener Hauptpost war in der Zeit von 1888 bis 1900 errichtet worden und wurde in das Karree integriert. Deshalb spricht man nach wie vor von der *Alten Post*.

23 Das Luisenhospital am Boxgraben wurde 1867 mit Unterstützung des von David Hansemann ins Leben gerufenen Aachener *Vereins zur Beförderung der Arbeitsamkeit* gegründet und nach Königin Luise von Preußen benannt. Es ist ein Akademisches Lehrkrankenhaus der RWTH Aachen.

24 Der mehr als 125 Jahre alte Westfriedhof beiderseits der Vaalser Straße kann als Besonderheit mit dem Campo Santo aufwarten, einer seltenen neugotischen Grufthalle von 1905. Sie ist in ihrer Form und Anlage einzigartig in Deutschland. Außerdem stehen einige Gräber und die Trauerhalle unter Denkmalschutz. Der Westfriedhof ist der größte Friedhof Aachens. Der kleinere Teil mit rund 62.000 Quadratmetern wurde 1889 eingerichtet, der größere Teil mit rund 217.000 Quadratmetern wurde 1890 in Betrieb genommen.

25 Das wegen seiner gewaltigen Ausmaße und auffälligen Gestalt weithin sichtbare Klinikum, offiziell Uniklinik RWTH Aachen, ist eines der größten Krankenhausgebäude Europas. Dort sind rund 5700 Mitarbeiter in 33 Kliniken und 25 Instituten beschäftigt. Das 1985 errichtete Hauptgebäude hat eine Länge von 257, eine Breite von 134 Metern und eine Höhe von 54 Metern und steht seit 2008 unter Denkmalsschutz als ein bemerkenswertes und erhaltenswürdiges Beispiel der High-Tech-Architektur in Deutschland.

GROBES FOUL

Aachener Zeitung/Aachener Nachrichten
Montagsausgabe
Lokalsport
Spielbericht aus der Kreisliga D Aachen Staffel 3
SV Rhenania Richterich III – FV Vaalserquartier IV 0:0

In einem dürftigen Spiel trennten sich die beiden Mannschaften verdient unentschieden. Unrühmlicher Höhepunkt des ereignisarmen Derbys im Jürgen-Ortmanns-Stadion war der Platzverweis gegen einen Spieler der Gästemannschaft, nachdem er den Schiedsrichter attackiert hatte.

Wie mir der »Tatort« im Fernsehen am Vorabend gefallen habe, wollte Staatsanwalt Meier am Telefon von mir wissen. Es gehört schon zum gewohnten und beliebten Ritual am Wochenanfang, dass mein Freund Klaus montagmorgens mein fachkundiges Urteil über den TV-Sonntagskrimi erfahren will; quasi von Berufs wegen.

Immerhin bin ich Richter am Amtsgericht in Aachen [26].

»Nicht besonders«, antwortete ich. »Der Fall war sehr konstruiert und die Lösung simpel. Darauf wäre auch der mieseste und stümperhafteste Staatsanwalt aus dem tiefsten Westen gekommen.«

Ob denn der Liebhaber der Ehefrau der Täter gewesen sei, hakte Meier nach, von meiner Lästerei unbeeindruckt. »Du Schlafmütze hast vielleicht doch mitbekommen, dass ich noch mal raus musste. Das Ende habe ich verpasst.«

»Zweimal ja«, lautete meine Antwort. »Der Liebhaber war der Mörder, und von deinem nächtlichen Ausflug habe ich gelesen.« Ich gab mich selbstverständlich interessiert, alles andere hätte meinen Freund verwundert. »Was ist denn passiert? In der Zeitung stand nur eine kurze, wenig informative Notiz, dass man eine Leiche in einem Haus in der Siedlung Fringsgraben in Rothe Erde gefunden hat.«

»Wahrscheinlich Mord. Alleinstehender Mann, Mitte 50. Ist seit etlichen Jahren als Kfz-Mechaniker in einem Autohaus in Eilendorf angestellt und eigentlich unauffällig. Mit mehreren Messerstichen massakriert, Tatwaffe nicht auffindbar. Täter und Motiv unklar.«

Sachlich, knapp und nüchtern zählte Meier die Fakten auf. So kannte ich ihn. Mit wenigen Worten alle Fragen beantworten, das war seine mundfaule Art, mit der er bei Gerichtsverhandlungen nicht nur nerven, sondern auch den Inhalt von Sachverhalten und Vernehmungen gezielt auf den Punkt bringen konnte. Es brauchte viel, um ihn aus der Fassung und seiner Wortkargheit zu bringen.

»Heute erfahre ich bestimmt mehr. Ich halte dich auf dem Laufenden.«

»Ist gut«, bedankte ich mich und beendete das Telefonat, »bis später.«

Die Verhandlung begann gleich. Humpelnd machte ich mich auf den Weg in den Gerichtssaal. Der Schlag gegen das Knie war wohl doch heftiger gewesen als zunächst gedacht.

»An der Bettkante gestoßen«, hatte ich meiner besorgten Sekretärin mit schmerzverzerrtem Gesicht erklärt, als ich am Morgen ins Büro gekommen war.

»Och härm«, hatte sie daraufhin im besten Öcher Slang mitleidvoll kommentiert und es dabei belassen.

»Na, großer Meister der juristischen Haarspalterei«, begrüßte mich Hauptkommissar Schmitz in seiner flapsigen Art auf die Minute pünktlich. Wie seit Jahren gewohnt trafen wir uns montagabends im »Knipp« 27 in der Innenstadt, gewissermaßen auf neutralem Gebiet, wohne ich doch in Vaalserquartier, Meier in Brand und Schmitz in Haaren.

Gemeinsam mit Meier droschen wir dort allwöchentlich unseren Skat, zumindest ist das unsere Absicht. Meistens kommt es aber nicht dazu, sondern es bleibt bei intensiven Diskussionen über alle möglichen Themen, beginnend bei der unsäglichen Alemannia und endend beim typischen Öcher Regenwetter. Zurzeit gab es mal wieder eine archäologische Sensation, wenn man den Zeitungen glauben durfte. Für uns war es eine archäologische Ausgrabung mehr in der Stadt, die schon weit vor der Zeit Karls des Großen besiedelt war und in der es sich auch schon die Römer bequem gemacht hatten. Diese zahlreichen archäologischen Funde brachten es mit sich, dass so manche Baustelle oft für Monate stillgelegt wurde, was der Verkehrsführung nicht immer zuträglich war. Zurzeit war die Ausgrabung eines mittelalterlichen Paukanals 28 an der Rennbahn in der Altstadt mitsamt der unvermeidlichen Verkehrsumleitung in aller Munde, aber verständlicherweise dieses Mal nicht bei uns.

»Meier wird wohl nicht können, der hat eine dicke Nuss zu knacken«, meinte Schmitz.

»Der Mord?«

»So ist es, alter Mann«, bestätigte Schmitz, nur wenige Monate jünger als Meier oder ich. Wir hatten vor knapp 30 Jahren gemeinsam am Kaiser-Karl-Gymnasium am Augustinerbach das Abitur gemacht. Und wir waren stolz darauf gewesen, dort unterrichtet zu werden, denn das 1601 gegründete Gymnasium war das älteste der Stadt. Wir fühlten uns damals bei der Einschulung tatsächlich wie die Nachfahren unseres Kaisers. Auch während unserer unterschiedlichen Ausbildungen waren wir stets Freunde geblieben und hockten immer noch oder wieder in unserem Heimatort.

Ich, Richter Scharf, der seinem Namen alle Ehre macht, Meier, der unerbittliche Staatsanwalt bei der Staatsanwaltschaft in Aachen, und Schmitz, der gewiefte Kommissar in der Abteilung für Tötungsdelikte im Polizeipräsidium Aachen.

»Kann sein, dass das Stress gibt für unseren Freund.« Schmitz wartete, bis die freundliche Bedienung das Bitburger serviert hatte. »Nach unseren Ermittlungen könnte sein Sohn Michael maßgeblich an dem Mord beteiligt sein.«

»Wieso das denn?« Meine Neugierde war unverhohlen.

»Da muss ich ein wenig ausholen«, antwortete Schmitz, »aber nur, wenn du mich nicht bei meinem Chef verpfeifst. Du weißt, mein Chef Böhnke kann da richtig grantig werden.«

»Ist doch klar.« Es konnte nur gut sein, wenn Böhnke aus dem Spiel blieb. Mit dem Kriminalhauptkommissar wollte ich mich nicht unbedingt anlegen. Der mochte zum einen nicht, wenn man ihm in die Arbeit hineinpfuschte, und könnte zum anderen unangenehme Fragen stellen, auf die ich nicht erpicht war. Ich winkte lässig ab und bat Schmitz zu berichten.

»Der Getötete ist Schiedsrichter und hat am Sonntagnachmittag in Richterich ein Fußballspiel geleitet, in dem Meiers Sohn mitspielte. Der Knabe flog wegen Foulspiels vom Platz. Nach dem Spiel hat der Schiri dann im Spielbericht eingetragen, Michael habe ihm einen Kaugummi ins Gesicht gespuckt, als er ihm die Rote Karte zeigte. Als Michael davon hörte, ist er wohl ausgerastet. Er würde ihn kalt machen, wenn der Schiedsrichter die Behauptung nicht zurücknehme, hat er unter Zeugen gesagt. Spucken bedeutet ein Jahr Spielsperre und damit wohl das Ende von Michael in der Mannschaft.«

»Die Drohung reicht doch wohl nicht für einen Mordverdacht«, wandte ich zweifelnd ein.

»Richtig. Aber wir haben durch Zeugen festgestellt, dass Michael gestern am Abend aus dem Haus des Opfers gekommen ist. Er ist in seinen Wagen gestürzt und fluchtartig davongefahren.«

»Wer sagt das?«

»Nachbarn.« Schmitz nahm einen kräftigen Schluck aus seinem Bierglas.

»Was sagt er?«

»Michael leugnet nicht, in dem Haus gewesen zu sein. Der Mann habe tot über dem Schreibtisch gelegen. Da sei er erschrocken abgehauen, sagt er. Er habe den Schiri bitten wollen, die Eintragung zurückzunehmen. Auch schon wegen des Rufes der Familie. Sohn eines Staatsanwaltes droht Schiri mit Gewalt, die Schlagzeile fehlt uns noch.«

»Und die Tatwaffe?«

»Davon wisse er nichts. Er ist abgehauen und will nur bei seiner Abfahrt gesehen haben, wie wenige Meter vom Haus entfernt ein Mann über den Gehweg gehumpelt sei. Doch wird diese Behauptung von Anwohnern nicht bestätigt.«

Da schien sich etwas zusammenzubrauen, das uns allen nicht gefallen konnte, vermutete ich. Ein Grund mehr, den Oberschnüffler Böhnke erst gar nicht auf eine mögliche Fährte anzusetzen.

»Gibt es denn auch andere mögliche Tatverdächtige?«, fragte ich. »Wer hat denn einen Vorteil aus dem Tod des Mannes?«

Schmitz nippte am Pils. »Finanzielle Vorteile hat eigentlich nur die Ehefrau. Sie ist vor ein paar Jahren ausgezogen und lebt mit einem dubiosen Vogel aus Norddeutschland zusammen. Sie kassiert die Lebensversicherung und das Haus. Das sind durchaus zwei finanzstarke Argumente für einen Mord.«

»Was sagt sie?«

»Wir haben sie noch nicht erreicht«, antwortete der Polizist und verstummte beim Blick zur Eingangstür. Von dort näherte sich Meier mit aschfahlem Gesicht.

»Was ist?«, fragte ich besorgt, als er sich zu uns gesellt hatte.

»Das ist das Ende«, stammelte der Staatsanwalt. »Wir haben die Tatwaffe gefunden. Sie lag unter dem Beifahrersitz in Michaels Auto.«

Die Berichterstattung in den Tageszeitungen am Dienstag war zwar ausführlich, enthielt aber längst nicht die Fakten, die ich am Vorabend von Schmitz und Meier erhalten hatte. In den gleichlautenden Artikeln war immer noch vom großen Unbekannten die Rede, der aus unerklärlichen Gründen das Verbrechen begangen habe. In dem Bericht wurde auch Meier zitiert, der davon sprach, man gehe zahlreichen Spuren nach.

»Bist du überhaupt noch im Geschäft?«, fragte ich ihn bei meinem Anruf. Immerhin dürfte er als befangen gelten, schließlich ermittelte er ja in der eigenen Familie.

»Offiziell nicht«, bestätigte mein Freund, »aber ich bleibe natürlich am Ball.« Er hatte sich anscheinend nach dem Schock gestern Abend wieder gefangen. »Wenn mein Sohn sagt, er hat den Mann nicht umgebracht, dann glaube ich ihm.«

Was sollte er als Vater auch sonst sagen?, dachte ich mir. »Wer kommt denn noch in Frage?«

»Kowalski«, antwortete Meier knapp.

»Wer?«

»Kowalski, der Lebensgefährte der Ehefrau.«

»Wie kommst du denn auf den?«

»Ganz einfach. Wir haben erfahren, dass Kowalski und die Frau in der Nacht von Samstag auf Sonntag in einem Hotel in Autobahnnähe übernachtet haben. Angeblich sind sie auf der Durchreise nach Luxemburg und weiter nach Paris gewesen, haben sie an der Rezeption gesagt. Sie wollten nur etwas in Aachen erledigen, angeblich auf dem Europamarkt der Kunsthandwerker [29]. Die beiden wollten bis Montag bleiben, sind dann aber am Sonntagabend kurz vor Mitternacht überstürzt abgereist. Wir haben Fingerabdrücke von Kowalski im Haus des Opfers gefunden. Er ist ein mehrfach vorbestrafter Einbrecher. Außerdem hinkt der Mann nach einer Hüftoperation.« Meier schnaufte. »Da bleibt natürlich noch die Frage, wie die Tatwaffe in Michaels Auto gekommen ist. Darauf haben wir bisher keine plausible Antwort. Michael glaubt, er habe den Wagen nicht abgeschlossen. Es könnte nun sein, dass Kowalski das Haus durch den Vordereingang verließ, als Michael rechts am Haus vorbei in den Garten ging. Wie er sagt, hat niemand auf sein Klingeln reagiert, obwohl Licht brannte. Da habe er vom Garten aus versuchen wollen, auf sich aufmerksam zu machen.« Es komme noch besser, fuhr Meier fort. »Die Tatwaffe, auf der sich außer dem Blut des Opfers keine verwertbaren Spuren finden, stammt aus Norddeutschland. Sie wird nur dort hergestellt und verkauft. Von unserer Familie war aber noch nie jemand jemals in Norddeutschland. Kowalski wohnt hingegen in Ostfriesland.«

»Und wenn Michael die Waffe im Haus gefunden hat?«, gab ich zu bedenken. »Weil Kowalski sie zurückgelassen hat?«

»Glaube ich nicht. Oder glaubst du, er zieht sich erst Handschuhe an, nimmt dann die Waffe und ersticht den Schiedsrichter? Das passt nicht.«

Wo er recht hat, hat er recht, stimmte ich meinem Freund zu. Michael war viel zu sehr ein Hitzkopf, um derart planmäßig zu handeln. »Damit hast du also einen zweiten Tatverdächtigen.«

»So ist es. Und wenn der zweite nur dazu dient, Zweifel an der Täterschaft meines Sohnes zu wecken.«

Ob ich die Handynummer kennen würde, fragte mich Schmitz am nächsten Tag und nannte mir eine ellenlange Zahlenfolge.

»Nie gehört«, antwortete ich. Obwohl …

»Glaub' ich nicht«, hielt Schmitz prompt dagegen. »Das ist die Rufnummer vom Handy deines Sohnes Thomas.«

»Aha«, sagte ich gedehnt, »könnte sein.« Wahrscheinlich hatte meine Frau für ihn den Handyvertrag unterschrieben. »Und was soll das?«

»Diese Nummer ist die letzte, die das Mordopfer am Sonntag am frühen Abend angerufen hat.«

Ich dachte nach. »Was willst du damit andeuten?«

»Nichts«, sagte Schmitz hastig. »Es würde mich nur interessieren, was dein Sohn mit dem Schiri besprochen hat. Vielleicht hatte der Mann sich ja auch nur verwählt.«

»Du weißt, Thomas ist minderjährig. Bei aller Freundschaft, aber wenn du mit ihm sprechen willst, dann nur in meiner Gegenwart und nur mit meiner Erlaubnis.«

Das fehlte noch, dass sich ein Kriminalpolizist in meine Familienangelegenheiten einmischte. Für manchen Anwalt wäre das ein gefundenes Fressen gewesen, um mich bei Verhandlungen mit zweideutigen Bemerkungen aufzuziehen. Dann war ich bald wieder reif für einen Psychologen, um meinen mühevoll unterdrückten Jähzorn zu zähmen.

»Zu spät, du Schnecke«, lästerte Schmitz. »Thomas war schon auf der Polizeiwache. Er glaubt, dass ihm jemand am Freitag das Handy gestohlen hat. Da war er bei einer Grillfete im Westpark . Am Samstag hatte er es jedenfalls nicht mehr.«

»Stimmt. Jetzt, wo du es sagst, es war wohltuend still im Haus. Nicht das ständige Geklingel.« Mit dieser Entwicklung der Geschehnisse war ich durchaus einverstanden. »Und was sagt Thomas zu dem Anruf?«

»Dazu haben ihn die Kollegen in der Wache nicht befragt. Als dein Sohn den vermeintlichen Diebstahl meldete, wussten sie doch noch nicht, dass der Schiri diese Handynummer gewählt hatte.«

»Dann frage ich Thomas«, schlug ich schnell vor. »Morgen sage ich dir Bescheid.«

»Wusstest du, dass der Schiri pädophil war?« Meier brüllte mir die Neuigkeit ins Ohr. »Das Schwein hat Jungen aus der Stadt und dem Umfeld am laufenden Band angequatscht und es mit ihnen getrieben.«

Einige Jungen hätten sich erst jetzt, nachdem er tot war, gemeldet und gleichlautende Aussagen gemacht. Vorher hätten sie sich nicht getraut.

»Da haben wir ja jetzt eine Sorge weniger«, kommentierte ich trocken.

»Das schon. Aber eine Aussage fehlt uns noch«, erwiderte Meier ebenso trocken, »die deines Sohnes. Kommst du mit ihm bei uns vorbei?« Er legte eine Kunstpause ein. »Sorry. Aber ich glaube, da kommst du nicht umhin, mein Freund.«

Jetzt wurde es haarig. Da war es wohl an der Zeit, ein schweres Geschütz aufzufahren.

»Wusstest du eigentlich, dass dein Sohn ein Lama ist?« Bevor Meier die Frage verdaut hatte und zu einer Entgegnung ansetzten konnte, fuhr ich fort. »Ich habe mich beim Training seiner Mannschaft gestern in Vaalserquartier mal umgehört. Ich kenne den Trainer. Der ist glaubwürdig und hat das Geschehen hautnah miterlebt. Es war in der Tat so, dass Michael nach dem Schlusspfiff den Schiri angespuckt hat. Wenn du mich fragst, würde ich sagen, dein Sohn, der eignet sich eher als Lama im Tierpark 31 denn als Kicker.«

Ein Jahr Sperre, ein Zeitungsbericht über die Spruchkammersitzung des Fußballkreises Aachen – das war nicht gut für den Ruf des Staatsanwaltes Meier; ebenso, wie es wenig gut für den Ruf meiner Familie sein würde, wenn Thomas mit einem ermordeten Pädophilen in Verbindung gebracht wurde.

Am nächsten Tag schon schlug die Staatsanwaltschaft Aachen vor, den Fall als erledigt zu den Akten zu legen. Kowalski war mit seiner Freundin auf der Fahrt in den Urlaub in der Nacht zum Montag tödlich verunglückt. Im Wagen fand sich Diebesgut aus dem Eigentum des Ermordeten, unter anderem eine wertvolle Münzsammlung, von der nur wenige etwas wussten.
»Wahrscheinlich ist er eingestiegen, hat den ahnungslosen Mann erstochen und bei seiner Flucht davon profitiert, dass Michael seinen Wagen nicht abgeschlossen hat.«

»So könnte es gewesen sein«, bestätigte ich nachdenklich.

»Nein«, widersprach Meier mir vehement. »So ist es gewesen!« Da habe er sich auch nicht von Böhnke zurückhalten lassen, der die Ermittlungen gerne fortgeführt hätte.

Ich gab meinem Freund recht. Was tut man nicht alles, um den eigenen Nachwuchs und den Ruf der Familie zu schützen?

Ich hatte ja auch allen Grund, dieses Ermittlungsergebnis zu begrüßen, obwohl es den tatsächlichen Mörder unbestraft ließ: mich. Wie gut, dass Böhnke von Meier an die Kandare genommen worden war. Der Kripo-Chef hätte mir vielleicht noch gefährlich werden können. Aber so ...

Ich hatte den Kerl getötet in einem Anflug von Wut und Ohnmacht. Thomas hatte am Freitag sein Handy auf der Anrichte liegen gelassen. Ich hatte es eingesteckt, aus erzieherischen Gründen. Am Sonntag hörte ich dann auf der Mailbox den Anruf ab.

»Thomas, komm heute um 19 Uhr. Wenn du nicht kommst, erzähle ich deinem Vater von deinen Neigungen.«

Das Display nannte den Namen des Anrufers.

Ich fuhr am Abend zu ihm, nachdem sich meine Frau mit einer Freundin ins Audimax 32 zu einer Comedy-Veranstaltung mit dem Aachener Haus- und Hof-Komödianten Jürgen Beckers alias Jürgen B. Hausmann aufgemacht hatte.

Der Kerl lachte mich nur aus, als ich ihn zur Rede stellte und verwies mich des Hauses. Ich kam wieder mit dem Messer, das ich unlängst bei einer Richtertagung in Jever gekauft hatte. Er hat mich nicht bemerkt, als ich durch die Terrassentür ins Haus trat. Ich weiß nicht, wie oft ich zustach.

Dieses perverse Schwein zerstörte das Leben meines Sohnes. Das konnte ich nicht zulassen.

Erst als ich die Türklingel hörte, ließ ich ab. Als ich flüchtete, stieß ich im Flur mit dem Knie gegen eine Kommode. Ich humpelte davon, nachdem ich das Messer in einem vor dem Haus geparkten Wagen versteckt hatte. Der Fahrer hatte versäumt, ihn zu verschließen.

Zu Hause sah ich mir den Rest des aufgezeichneten Tatorts an und ging zu Bett, noch bevor meine Frau zurückgekehrt war.

Zugegeben, ich habe einen Mord begangen, gewissermaßen ein Foulspiel der allerübelsten Art. Aber ich würde es niemals zugeben.

Ob ich mit meiner Schuld leben kann?

Könnten Sie es etwa?

Aachener Zeitung/Aachener Nachrichten
Samstagsausgabe
Lokalteil
Richter gestorben

Mit Trauer und Bestürzung nimmt das Amtsgericht in Aachen Kenntnis vom Tod des Richters Scharf. Auf dem Weg von seinem Wohnort ins Justizzentrum ist der Jurist am Freitagmorgen aus noch ungeklärter Ursache mit seinem Auto von der Straße abgekommen, über den Radweg geschleudert und frontal gegen einen Baum geprallt. Der Notarzt konnte nur noch den Tod des 50-jährigen Juristen feststellen. Ein Fremdverschulden für den Unfall schließt die Polizei aus. Möglicherweise liegt ein technischer Defekt oder menschliches Versagen vor, heißt es in Polizeikreisen. Eventuell könnte der Richter aber auch einen Herzinfarkt am Steuer erlitten haben. Genauere Hinweise erwartet die Polizei von einer Obduktion.

FREIZEITTIPPS

26 Das Amtsgericht ist Teil des Justizzentrums am Adalbertsteinweg. Das Justizzentrum wurde 1929 ursprünglich als Gerichtsgebäude erstellt. In Erweiterung der historischen Gebäudesubstanz des Land- und Amtsgerichts Aachen ist 2008 auf dem Gelände der ehemaligen Justizvollzugsanstalt das Justizzentrum entstanden.

27 Die Gaststätte *Am Knipp* am Bergdriesch besteht seit 1698 und gilt als die älteste Gaststätte von Aachen. Im liebevoll ausgestatteten Restaurant und der Couvenstube sowie dem Hirschgarten lassen sich Öcher und Touristen zünftige Fleischgerichte, Flammkuchen und Schmalzbrot schmecken. Ohne eine Tischreservierung ist ein Sitzplatz Glückssache.

28 Aachen ist eine Stadt der vielen Quellen und des (heißen, mineralhaltigen) Wassers. Im Stadtgebiet gibt es über 30 Bäche und noch mehr Quellen. Doch sind nur wenige fließende Gewässer zu sehen. Bereits seit dem Mittelalter wurden Pau, Ponelle, Johannisbach und andere Bäche kanalisiert und fließen nun unterirdisch. Daher kommt es immer wieder vor, dass bei Grabungen Teile der Kanalisation gefunden werden. So wurden in der Rennbahn in einem Meter Tiefe die Steinplatten der Abdeckung eines Abschnitts des mittelalterlichen Paukanals aufgedeckt. Die Steinplatten wurden in den jetzigen Bürgersteig integriert. Viele unterschiedlich gestaltete Brunnen weisen auf die sprudelnde Vielfalt von Aachen hin, die größtenteils unterirdisch gelegen ist.

29 Der von der Handwerkskammer Aachen veranstaltete Europamarkt hat sich zu einer beliebten Traditionsveranstaltung entwickelt. Seit 40 Jahren zieht der Markt mit etwa 300 Ständen jeweils am ersten Wochenende im September rund 200.000 Besucher an. Aus allen Teilen Europas kommenKunsthandwerker und Handwerks- und Meisterdesigner nach Aachen, um ihre Produkte auszustellen. Die Handwerkskammer achtet streng auf die Qualität der Aussteller ist ein Garant für die Qualität des Europamarktes. Nicht jeder, der sich berufen fühlt, darf teilnehmen. Diese Qualitätskontrolle hat dazu geführt, dass dieser Europamarkt zu einer der größten Veranstaltungen seiner Art auf dem Kontinent wurde.

30 Der Westpark ist eine Parkanlage im Westen Aachens, deren Ursprünge aus 1882 datieren, eingegrenzt von der Gartenstraße, der Welkenrather Straße und der Vaalser Straße. Darin befand sich sogar einmal ein Tierpark. Heute dient der Westpark mit seinem alten Baumbestand und den vielen Grünflächen zur Erholung. Im Sommer wird

der Park gerne bis in den späten Abend zum Grillen genutzt.

31 Der Aachener *Euregiozoo* wurde 1966 gegründet. Der fast neun Hektar großer Tierpark befindet sich im Drimborner Wäldchen zwischen den Stadtteilen Forst und Beverau an der Oberen Drimbornstraße und wird auch gerne *Der Öcher Zoo* genannt. Darin sind etwa 1000 Tiere aus rund 200 Rassen zu besichtigen. Besondere Attraktionen des familienfreundlichen Tierparks, zu dem auch ein Kinderbauernhof gehört, sind ein zwei Hektar großer See und ein Nebenteich mit zahlreichen Wasservögeln und die Afrika-Steppe, unter anderem mit Zebras, Straußen, Marabus und Antilopen.

32 Das Audimax ist das große Hörsaalgebäude der RWTH Aachen an der Wüllnerstraße. Es wird häufig für kulturelle Veranstaltungen, wie Theater oder Kabarett, genutzt. Viele Kabarettisten kehren gerne immer wieder dorthin zurück, die Zuhörer genießen die Nähe zur Bühne, die dank der steilaufragenden Sitzreihen gegeben ist.

ZOCKER

»Vera ist tot!«

Der ältere Forstarbeiter, der gehetzt in die Waldschenke hineinstürmte, schrie die schreckliche Nachricht in die Runde der Stammgäste, die um den großen, runden Holztisch saßen. Jäh verstummten alle Gespräche in dem zur Abendzeit gut gefüllten Schankraum.

»Wer?«

Die Frage, in der sich Unverständnis und Fassungslosigkeit, Zweifel und Ungläubigkeit sammelten, wurde gleich vielfach gestellt.

Die Männer kannten nur eine Vera. Eine junge Frau Ende 20, lebenslustig, immer gut gelaunt, adrett anzusehen, eine Schönheit im beschaulichen Preuswald [33].

»Vera. Unsere Vera.« Die befürchtete, nicht erhoffte Bestätigung kam prompt. »Vera Baumberg ist tot«, keuchte der Mann in Arbeitskleidung, den alle nur Wolle nannten. Er ließ sich erschüttert auf den Stuhl sacken, den ihm ein Kumpel angeboten hatte.

Stumm starrten die Kneipengänger Wolle an, als er zittrig mit beiden Händen das frisch gezapfte Pils zum Mund führte. Fassungslos und zugleich geduldig warteten sie, bis er sich endlich beruhigt hatte.

Wolle zu drängen, hätte keinen Zweck gehabt. Seine Hektik wäre nur noch gesteigert worden. Da war es besser zu warten, bis er sich berappelt hatte und mit seinem Bericht loslegen konnte.

»KW hat sie entdeckt. Heute Morgen im Öcher Bösch 34«, sagte Wolle endlich mit stotternder Stimme, nachdem er das Bierglas geleert und durchgeschnauft hatte. »Mitten im Wald.«

KW, das war der Revierförster, wie alle wussten. KW war immer schon KW gewesen. KW, das war die Abkürzung seines Vornamens, den niemand mehr kannte.

Wer sonst, wenn nicht KW, hätte Vera finden sollen? Der Förster kannte jeden Flecken seines Waldes und war dort immer unterwegs.

»Vera muss wohl gestürzt und mit dem Kopf auf den Steinen aufgeschlagen sein. Das muss gestern Abend gewesen sein«, fuhr Wolle fort. Er schluckte. »Am Nachmittag habe ich sie noch gesehen. Da saß sie mit dem Holländer im Entenpfuhl 35.«

Ausgerechnet der Holländer!

Dieser Kerl war allen ein Dorn im Auge. Er war einer der vielen Niederländer, die gerne hier im Dreiländereck Urlaub machten.

Piet, so hieß er, verheiratet und Anfang 40, hatte schon vor zwei Jahren mit Vera angebändelt, und sie hatte, wie es schien, zur Verärgerung aller Einheimischen mit ihm ein Verhältnis angefangen. Im letzten Winter soll sie sogar, so wurde getuschelt, gelegentlich mit ihm das Zimmer in einem Hotel in Lichtenbusch 36, in dem sie arbeitete, geteilt haben.

Als zahlende Gäste waren die Niederländer durchaus gerne gesehen, da wurden sie stets willkommen geheißen. Wenn sie allerdings anfingen, in den heimischen Gehegen bei den jungen Frauen zu wildern, da kam Ärger auf; umso mehr, wenn der Mann auch noch seine eigene Frau betrog.

Vera hatte ein Verhältnis stets abgestritten, wenn sie darauf angesprochen wurde. Sie behauptete immer, eine schöne Freundschaft mit Piet zu pflegen.

Wer's glaubt, wird selig, dachten sich alle.

Der Holländer, so das schnell gefällte Urteil, der Holländer hat etwas mit dem Tod von Vera zu tun. Vielleicht hatte er sie absichtlich gestoßen – dann war es sogar, man wagte es nicht auszusprechen, weil es nicht in diesen friedvollen Ort passte, dann war es sogar Mord!

»Woher weißt du das? Von dem Stein und so?«, fragte der Wirt, die nächste Lage Pils auftischend.

»KW hat es mir gesagt«, antwortete Wolle. »Er kommt gleich auch noch. Er musste noch zur Kripo. Wegen dem Protokoll, glaube ich. Der KW kann euch mehr sagen. Ich weiß nur, dass Vera tot ist, weil sie mit dem Kopf heftig auf den Stein aufgeschlagen ist.« Wolle griff zum Bierglas und schluckte seine Betroffenheit hinunter.

Die Gespräche stockten, der Holländer – immer wieder und mit jedem weiteren Wortbeitrag mehr wurde allen klar: Der Holländer, der war's.

Als die Uhr fast schon zum Aufbruch mahnte, kam KW endlich in die Kneipe. Er sah erschöpft aus, mitgenommen von den Erlebnissen des Tages. Sie hatten ihn deutlich älter werden lassen als die 35 Jahre, die er auf dem Buckel hatte.

Unaufgefordert stellte ihm der Wirt das Pils auf den Tresen. Sein begleitendes Kopfnicken war eine eindeutige Aufforderung: Erzähl!

»Da gibt es nicht viel zu sagen«, begann KW, den Schaum mit dem Handrücken vom Mund wischend. »Ich bin wie üblich auf meiner Runde durch den Forst, als mein Hund in der Nähe der Zyklopensteine 37 anschlägt. Ich blicke hinunter und sehe sie da liegen. Schrecklich. Einfach nur schrecklich.«

Mit einem weiteren Schluck leerte er das Glas und streckte seine Hand zum nächsten aus. »Ich bin zu ihr hin, aber da war nichts zu machen. Sie muss mit dem Rücken und dem Kopf auf den Stein aufgeprallt sein.« Der Förster schüttelte sich, als könne er dadurch die schrecklichen Eindrücke vertreiben. »Ich habe natürlich sofort übers Handy die Polizei alarmiert und dann auf die gewartet. Ehe die Kripo da war, verging fast ne Stunde. Dann haben die stundenlang die Gegend abgesucht und haben mich auch noch mit ins Präsidium in die Soers 38 genommen.«

Wieder trank KW mit kräftigen Schlucken. »Als ob ich denen was sagen könnte. Ich weiß doch auch nichts. – Doch«, er stockte, »etwas wusste ich und das habe ich denen dann auch gesagt. Auf dem Weg wenige Meter vor dem Fundort habe ich eine leere Schnapsflasche gefunden. War wohl Genever drin, glaube ich.«

»Halt. Jetzt, wo du's sagst, fällt's mir ein«, unterbrach ihn Wolle aufgeregt.

»Als ich Vera und den Holländer im Entenpfuhl gesehen habe, da standen zwei Flaschen Genever vor denen.«

Es dauerte, bis die Kneipengäste die Information eingeordnet hatten.

»Weiß das die Polizei?«, fragte schließlich der Wirt, während er fleißig Bier zapfte.

»Keine Ahnung«, antwortete KW schulterzuckend.

»Von mir nicht«, schloss sich Wolle eilig an.

»Dann weißt du ja, was wir morgen tun werden, mein Freund«, meinte der Förster mit einem Blick auf die Uhr. »Jetzt ist es eh zu spät. Morgen früh gehen wir zu Jupp. Jetzt pennt der schon. Ist doch fast Mitternacht.«

Eifrig nickte Wolle. Was sein Chef sagte, wurde getan. Wenn KW dabei war, brauchte er sich bei Jupp, dem Dorfpolizisten, dessen offizielle Bezeichnung »zuständiger Bezirksbeamter« niemand kannte, keine Sorgen zu machen, dachte er sich erleichtert.

KW schob das Bierglas vom Deckel und zückte gähnend sein Portemonnaie.

»Wird Zeit fürs Bett.«

»Was wird eigentlich aus deinem Hochzeitstermin?«, fragte ihn der Wirt beiläufig, während er abrechnete. »Ich kann mir nicht vorstellen, dass es dabei bleibt.«

»Der Termin wird verschoben, ist doch klar«, antwortete KW ruhig.

Er konnte und wollte seiner Braut Nora jetzt keine

Hochzeit zumuten, nachdem ihre beste Freundin und Trauzeugin Vera so tragisch ums Leben gekommen war. Es war die berühmte Liebe auf den ersten Blick zwischen Nora und ihm gewesen, als er vor vier Jahren aus dem Sauerland in die Ausläufer der Eifel gewechselt war und sie sich zufällig beim Schützenball getroffen hatten. Seitdem waren sie unzertrennlich, und es war nur eine Frage der Zeit, bis sie heiraten würden. Daran würde auch diese Tragödie nichts ändern. Aber es war eine Frage des Anstandes, den Hochzeitstermin zu verschieben.

»Wir wollen erst mal Vera unter die Erde kriegen ...«

»... und ihren Mörder finden«, gab sich Wolle entschlossen.

Das müde Lächeln, mit dem die anderen Männer seine gutgemeinte Absicht quittierten, sagte mehr als tausend Worte, was sie von seinen Qualitäten hielten.

Die Suche nach einem Mörder, wenn es denn überhaupt einen gab, die sollte Wolle besser der Polizei überlassen.

Ob Jupp allerdings der richtige Polizist war, um ein mögliches Verbrechen aufzuklären, bezweifelten wohl alle.

Vor fast zwei Jahrzehnten war Josef Schmitz, stets nur Jupp genannt, von Köln nach Aachen versetzt worden und schob als Bezirksbeamter im südlichen Stadtgebiet einen geruhsamen Dienst. Er machte sich das Leben einfach, wobei ihn die friedfertige Bevölkerung tatkräftig unterstützte, und lief nur zur Hochform auf, wenn er Radtouristen helfen musste, die trotz aller Hinweisschilder vom Radweg auf der ehemaligen Vennbahntrasse 39 abgekommen waren, oder wenn es an schneereichen Winterwochenenden galt, die Kurzurlauber, die ins Hohe Venn 40 oder die Eifel wollten, durch die misslichen Verkehrsstaus auf der Himmelsleiter 41 zu schleusen.

Jupp war durchaus angesehen im Ort, galt als gewiefter Skatspieler und hatte nur eine Macke: Er konnte und wollte nicht auf sein Kölsch verzichten; deswegen fuhr er mindestens alle zwei Wochen in seine Heimatstadt, um in Domnähe sein Bier zu genießen. Selbst in der Stammkneipe bestellte er beharrlich sein Kölsch, auch wenn ihm der Wirt stets mit größter Selbstverständlichkeit ein Pils servierte.

Jupps Dienststube hatte schon bessere Zeiten erlebt. Anlässlich der Versetzung des Polizisten war sie renoviert worden. Seitdem hatte sich nichts verändert, abgesehen vom Benutzer, der im Laufe der Jahre rundlich geworden war.

»Einen Wilddieb fängt der mit seiner Plauze garantiert nicht«, lästerte man gerne, um positiv hinzuzufügen: »Aber durch seine Fülle ist er bei der Verkehrsregelung unübersehbar.«

Ihren Besuch in der Dienststelle hatten KW und Wolle nicht angekündigt. Sie konnten sicher sein, dass Jupp dort den Vormittag mit Schreibtischarbeit verbrachte, nachdem er morgens die Grundschüler sicher über die Straße gelotst hatte.

Interessiert registrierte der Polizist Wolles Beobachtung. »Ob das ein Zufall ist, die leere Flasche Genever an der Brücke und die beiden Flaschen auf dem Tisch?«, sinnierte er. »Kann ich mir eigentlich nicht vorstellen.« Er griff zum Telefon. »Werde ich mal den Kollegen vom KK elf melden.«

Das Telefonat war nur von kurzer Dauer.

»Jetzt haben wir den Salat«, schnaufte er verärgert. »Der Böhnke hat mich rangekriegt. Jetzt darf ich ein Protokoll aufsetzen und ihr müsst es unterschreiben. Und dann muss ich rauskriegen, wo der Holländer ist. Wisst ihr vielleicht, wo er übernachtet hat?«

Was für eine Frage!

Für Wolle und KW war es sonnenklar: Der Kerl hatte sich garantiert in dem Hotel in Lichtenbusch einquartiert. Wo denn sonst?

Man hätte gestern noch den Holländer verhaften müssen.

»Weswegen denn?«, knurrte Jupp. »Nur weil euch seine Nase nicht gefällt? Bis jetzt gibt es doch nur die Aussage von Wolle, dass der Holländer und Vera am Nachmittag miteinander gesehen wurden.« Zur Überraschung seiner beiden Besucher tippte der Polizist aus dem Gedächtnis die Nummer des Hotels ins Telefon, fragte nach Piet und legte wenige Momente später nachdenklich den Hörer auf.

»Hm, was nun? Der Mann hat sich tatsächlich dort gestern Mittag angemeldet, er wollte bis übermorgen bleiben. Heute Nacht ist er aber nicht im Hotel gewesen. Seine Sachen stehen noch im Zimmer. Mit anderen Worten: Er ist verschwunden.«

»Der ist abgehauen«, folgerte Wolle spontan. »Der hat die Vera umgebracht und ist mit seinem Auto geflüchtet.«

»Könnte was dran sein.« Wieder griff der Polizist zum Telefon und sprach erneut mit der Kripo.

»Die kümmern sich drum«, sagte er anschließend. »Wir sollen die Augen aufhalten.« Er lächelte schwach, als er die beiden Männer aus dem Büro auf die Straße schob.

»Ihr und alle eure Freunde seid jetzt meine Hilfssheriffs. Tschöö, wa.«

Auf dem Weg zum Wagen hielt KW seinen Mitarbeiter am Ärmel fest. »Findest du nicht auch, dass sich Jupp verdammt cool verhält?«

»Wieso?« Wie so oft dauerte es bei Wolle etwas länger, bis er verstand. Dann blickte er durch.

»Du hast recht. Eigentlich hätte er trauriger sein müssen, als wie er tut. Aber Jupp tut so, als kennte er Vera nur flüchtig.«

Dabei wusste das gesamte Dorf, dass der Polizist schon seit Jahren versuchte, Vera für sich zu gewinnen. Doch sie hatte ihn stets freundlich in die Schranken verwiesen, wenn er ihr zu nahe kam. Bisweilen war er sogar eifersüchtig. Etwa bei der Kirmes, wenn Vera mit anderen Männern tanzte und ihm nur das Bier als Trost blieb, da pöbelte Jupp manchmal sogar die anderen Kerle an.

Die Aachener Zeitung und die Aachener Nachrichten berichteten zwar umfangreich über den tragischen

Tod der jungen Frau, aber weder die Blaue noch die Gelbe stellten die Frage, ob es ein Unfall war oder ein Verbrechen.

Eine eindeutige, unverrückbare Antwort hatten dagegen die Thekensteher bei ihrem abendlichen Schlummertrunk: Der Holländer war's.

Jupp, der gemeinsam mit anderen seine allwöchentliche Skatrunde drosch, hielt sich aus der Diskussion raus. Er hatte sich verspätet, kam erst, als die ersten Runden gespielt waren und beteiligte sich wortkarg, bisweilen sogar abweisend an den Gesprächen.

»Welche Laus ist dir denn über die Leber gelaufen?«, fragte der Wirt, nachdem die meisten Gäste gegangen waren und die üblichen Thekensteher neben Jupp, in erster Linie KW und Wolle, ihn vom frühen Arbeitsende abhielten.

»Leber ist gut«, knurrte der Bezirksbeamte wenig begeistert. »Das passt gut ins Bild.« Er setzte sein Bierglas an, nahm einen kräftigen Schluck und richtete sich dann entschlossen auf.

»Bevor ihr es wieder anderswoher erfahrt, sag ich es euch lieber. Vera war volltrunken, als die auf die Steine stürzte. Sie hatte wohl die ganze Flasche Genever intus.«

»Kann nicht sein«, entfuhr es KW spontan. »Vera hat noch nie einen Tropfen Alkohol getrunken. Da wette ich mein gesamtes Hab und Gut drauf.«

»Das habe ich auch geglaubt«, bestätigte Jupp. »Aber es ist Fakt, dass sie die ganze Flasche ausgetrunken hat.«

»Kann nicht sein«, beharrte KW zornig.

»Ist aber so«, fauchte der Polizist ungehalten zurück. »Für uns stellt sich nur die Frage, ob Vera den Genever freiwillig getrunken hat oder ob der Schnaps ihr mit Zwang eingeflößt wurde.«

»Hm«, der Förster versank in nachdenkliches Schweigen. »Und ist das feststellbar?«, fragte er nach langer Pause.

»Vielleicht. Vielleicht auch nicht«, antwortete Jupp ausweichend. »Meine Kollegen im Polizeipräsidium untersuchen noch die Leiche. Vielleicht gibt es Hinweise auf Gewaltanwendung. Ich weiß es aber nicht.« Er sah betrübt aus. »Viel Hoffnung habe ich nicht. Der einzige Hinweis ist die Geneverflasche. Darauf befinden sich Veras Fingerabdrücke und die eines anderen Mannes, vermutlich von Piet.« Der Polizist hob die Stimme und wandte sich direkt an KW: »Und dann hat ein Spezialist es ja fertiggebracht, die Flasche aufzuheben und mit seinen Pranken seine eigenen Fingerabdrücke zu hinterlassen und andere zu verwischen. Das ist keine Arbeitserleichterung gewesen.«

Entschuldigend zuckte der Förster mit den Schultern. »Ich habe doch zuerst die leere Flasche gesehen und aufgehoben. Die gehört doch nicht in den Wald. Schon mal was von einem Waldbrand durch ein Brennglas gehört? Danach habe ich Vera entdeckt. Woher sollte ich wissen, dass da ein Zusammenhang besteht?«

»Ist ja gut«, beschwichtigte Jupp. »Du hast ja nicht absichtlich Spuren verwischt.«

»Ohne KW hätten wir Vera auch gar nicht gefunden«, mischte sich Wolle unterstützend ein. Er schüttelte sich. »Stell dir mal vor, die hätte da Tage im Busch gelegen, die wäre aufgefressen worden.«

Diese Vorstellung wollte der Polizist nicht kommentieren. »Wir müssen herausfinden, wie und wann Vera gestorben ist. Dabei kann uns hoffentlich der Holländer helfen. Ihn müssen wir finden. Er wird ja wohl einer der letzten Menschen gewesen sein, der mit Vera vor ihrem Tod gesprochen hat.«

»Den Kerl schnappe ich mir, irgendwie und irgendwo«, knurrte KW. »Und dann hat der es hinter sich.«

KW fand den Holländer ebenso wenig wie Jupp.

Der Förster aus dem Nachbarrevier kam ihnen zuvor. Er entdeckte Piet tot in seinem Wagen auf einer Lichtung am Ende eines schmalen Waldweges in der Nähe der Reste des Pelzerturms **42**.

Die Polizei hatte keine Mühe, die Todesursache zu ermitteln. Offensichtlich hatte der Holländer Selbstmord begangen. Eine leere Flasche Genever lag auf dem Beifahrersitz, das Auspuffrohr war über einen Schlauch mit dem Fahrzeuginneren verbunden. In volltrunkenem Zustand hatte Piet die giftigen Abgase eingeatmet, die ihm den Garaus bereiteten. Letzte Zweifel räumte ein Abschiedsbrief aus, in dem Piet erklärte, er habe Vera getötet, weil sie seine Liebe nicht erwidert hatte und sie ihm am Nachmittag gesagt habe, sie würde einen anderen lieben. Ohne Vera habe sein Leben aber keinen Sinn mehr.

So hatte der Förster seinem Kollegen KW berichtet und so hatte KW den Bericht weitergegeben.

»Das war's dann wohl.« Die Meinung beim abendlichen Stammtisch war einmütig. Die Männer fühlten sich bestätigt, sie hatten es ja schon immer gewusst: Der Holländer war's.

»Und ich habe schon gedacht, vielleicht hat Jupp etwas mit der Sache zu tun«, äußerte sich KW erleichtert und schob schnell eine Erklärung nach, bevor jemand fragte. »Am Tag, bevor Wolle Vera mit dem Holländer gesehen hat, ist sie mit Jupp morgens nach Köln gefahren. Als sie am Abend zurückkamen, haben sie fürchterlich gestritten. Nora hat's mir gesagt. Sie hat alles beobachtet, aber sie kam nicht dazu, mit Vera darüber zu reden.«

»Bestimmt hat Jupp sie angegrapscht und sie hat sich gewehrt«, vermutete ein Thekensteher. »Und dann war Jupp eifersüchtig, als Vera am nächsten Tag mit dem Holländer rummachte. Der Jupp kann ganz schön grellig werden, wa.«

»Moment, Moment. Aber es hat sich ja alles geklärt«, bremste KW aufkommende Fantastereien.

»Piet hat Vera umgebracht und danach sich selbst, das steht ja wohl fest.«

»Wenn dem nicht so wäre, hätte Jupp ein Problem«, ließ der Thekensteher nicht locker. »So ganz geheuer ist mir der Sheriff nicht, wa.«

Er verstummte ebenso wie die anderen, als die Tür geöffnet wurde und der Polizist eintrat.

»n'Abend, Männer«, grüßte er knapp und ließ sich auf einem Hocker an der Theke nieder. »Ein Kölsch.«

Vom Schweigen in der Kneipe ließ sich Jupp nicht beeinflussen. Er griff zum Pils und trank grübelnd vor sich hin. Ein Bier, ein zweites, ein drittes. Dann atmete er tief durch, stand auf und stellte sich breitbeinig in die Mitte des Raumes.

»So, Leute«, sagte er laut und unterband das Getuschel. »Es gibt da ein Problem und ich alleine komme nicht weiter. Ich brauche eure Hilfe.«

Verwundert starrten ihn die Männer an. Was hatte Jupp bloß vor? Vorsicht war angebracht. Vielleicht hatte er ja doch etwas zu verbergen?

Der Polizist räusperte sich.

»Folgendes: Die Obduktionen der Leichen von Vera und Piet haben ergeben, dass Piet am Nachmittag und Vera knapp drei Stunden später am Abend gestorben ist. Das aber bedeutet, dass Piet nicht der Mörder von Vera sein kann. Und das lässt auch vermuten, dass sein Selbstmord gar kein Selbstmord war, sondern ein Mord, der als Selbstmord getarnt wurde. Zugleich ist damit weiterhin die Frage ungeklärt, ob Vera Selbstmord begangen hat oder ermordet wurde.« Jupp pustete durch. »Mit anderen Worten: Wir haben zwei Tote und zwei Rätsel.« Müde schaute er durch die Runde der staunenden Männer. »Zwei Rätsel und viele Ungereimtheiten. Unter anderem fehlt der Kugelschreiber, mit dem Piet seinen angeblichen Abschiedsbrief geschrieben hat.«

»Den hat er vielleicht woanders geschrieben«, fiel ihm KW ins Wort.

Doch Jupp winkte ab. »Es ist eindeutig geklärt, dass Piet den Brief im Wagen geschrieben hat. Fragt mich nicht, wie meine Kollegen drauf gekommen sind. Es ist so.« Er stöhnte. »Morgen Nachmittag gibt es noch einmal eine große Untersuchung des Geländes. Man hofft, den Kugelschreiber zu finden.«

»Wenn denn überhaupt einer da ist«, gab KW zu bedenken.

»Wenn keiner da ist, bedeutet es ja, dass ein anderer ihn mitgenommen hat«, folgerte Jupp, »und dieser andere dürfte dann wohl ein Mörder sein. Oder?«

Es wurde still in der Kneipe. Jeder ging seinen Gedanken nach.

Der Wirt fasste sich als Erster. »Und wie können wir dir helfen?«

»Ich brauche alle Informationen, die ihr habt, und selbst wenn ihr meint, sie seien vielleicht gar nicht brauchbar, solltet ihr sie mir sagen.« Er lächelte müde: »Ich komme mir vor wie bei einem Null ouvert, bei dem ich die Hose runterlassen muss, und ich dann das Spiel verliere, obwohl es todsicher schien.«

Wolle meldete sich hektisch zu Wort. »Ich habe da eine Information. Was hattest du mit Vera? Warum hast du dich mit ihr gestritten, als ihr aus Köln zurückgekommen seid?«

Unvermittelt wechselte Jupps Gesichtsfarbe, während ihn die Männer fragend und neugierig anstarrten. Der Polizist lief zornesrot an.

»Was soll das denn?«, brüllte er.

»Ich weiß nicht, was du hast«, kam KW seinem Mitarbeiter schnell zu Hilfe. »Das ist doch eine Information. Oder? Die passt aber nicht in dein Konzept. Das könnte fast die Karte sein, die dein Null-Spiel kaputtmacht. Wissen eigentlich deine Kollegen von diesem Streit?«

»Schwachsinn«, brauste Jupp auf. Vehement setzte er sein Bierglas auf der Theke ab, sodass es umkippte, und stürzte aus der Wirtschaft.

»Ich glaube, Jupp hat sich irgendwie verzockt«, meinte KW nachdenklich.

Der Wirt stimmte ihm zu. »Wie's scheint, haben wir bald einen neuen Dorfsheriff. Ich rufe morgen bei der Kripo an.«

Am nächsten Morgen war der Polizist tatsächlich verschwunden. Ein Schild im Türfenster wies darauf hin, dass die Dienststelle urlaubsbedingt für drei Wochen geschlossen sei. So hatte es Jupp immer gemacht, wenn er für ein paar Tage fortfuhr.

Aber jetzt hatte dieses Schild für die Männer eine andere Bedeutung: Jupp hatte sich aus dem Staub gemacht, bevor seine Kollegen von der Spurensicherung ein zweites Mal die Lichtung überprüften.

Davon war auch Wolle überzeugt. Geradezu begeistert stimmte er KW zu, der vorschlug, sie beide sollten sich auch einmal die Lichtung ansehen.

Auf dem kürzesten Weg quer durch den Wald liefen sie die wenigen Kilometer vom heimischen Revier in das benachbarte und steuerten zielstrebig den Platz an, an dem der tote Piet entdeckt worden war. Mühelos fanden sie die Lichtung, auf der deutliche Spuren des tragischen Geschehens zurückgeblieben waren. Breite Reifen hatten tiefe Eindrücke im weichen Grasboden hinterlassen, am Rande lagen abgebrochene Zweige oder abgeknickte kleine Bäume. Anscheinend hatte die Polizei Piets uralten Volvo von einem Abschleppdienst aus dem Wald holen lassen.

Es würde Monate dauern, bis die Natur die Hinterlassenschaften des Einsatzes behoben hätte.

Stumm schritten die beiden Männer über die lichte Fläche und betrachteten den Platz, auf dem der Wagen gestanden hatte, bis KW vorschlug, sie sollten sich getrennt auf die Suche nach dem Kugelschreiber oder anderen verdächtigen Dingen machen.

»Du links, ich rechts«, bestimmte KW. »Wahrscheinlich haben wir einen besseren Blick für etwas Ungewöhnliches als die Jungs von der Polizei. Wir geben denen quasi Amtshilfe«, meinte er und machte sich an die Arbeit.

Immer weiter entfernten sich die beiden Männer voneinander, immer weiter zogen sie die Kreise um den Mittelpunkt der Lichtung.

»Hier, ich habe was gesehen«, rief KW endlich und winkte Wolle herbei. »Schau mal, da im Gras.«

Neugierig bückte sich der Forstangestellte nach dem matten Gegenstand und wollte danach greifen.

»Halt!« Ein lautstarker Befehl ließ ihn in der Bewegung erstarren. »Nichts anrühren!«

Langsam richtete sich Wolle auf und blickte in die Richtung, aus der die Rufe gekommen waren. Er erkannte Jupp, der gemächlichen Schrittes, eine Videokamera in der Rechten haltend, auf ihn zukam. Und er schaute nach KW, der sich plötzlich umdrehte und zwischen den Bäumen verschwand.

»Keine Hektik, der kommt nicht weit«, brummte Jupp, »meine Kollegen werden ihn sich schon greifen.«

Wolle verstand nichts. Was sollte das? Warum ließ ihn KW mit Jupp allein? Was machte Jupp mit der Kamera?

»Keine Sorge, mein Freund«, sagte der Polizist gelassen und legte Wolle beruhigend die Hand auf die Schulter. »Heute Abend in der Kneipe erzähl ich dir alles.«

Am Abend war die Wirtschaft brechend voll. Das Gerücht, KW habe mit dem Tod von Vera und dem Holländer zu tun, hatte sich tagsüber mehr und mehr verbreitet. Aber keiner wusste Genaues, alle hofften auf die Erklärung des Dorfpolizisten.

Jupp ließ die Männer nicht lange warten. Für seine Verhältnisse recht früh kam er, bestellte sein Kölsch und hockte sich an die Theke.

»Das Wichtigste zuerst«, sagte er und leerte in einem Zug das Pilsglas. »Tu die Luft raus«, fordert er den Wirt auf und begann endlich mit seinem Bericht.

»Heute Morgen haben meine Kollegen KW verhaftet, als er von der Lichtung fliehen wollte. Er hat bereits gestanden, Vera und Piet getötet zu haben.« Wieder genehmigte er sich einen Schluck. »Doch der Reihe nach: Vera hat herausbekommen, dass KW spielsüchtig ist. Er ist immer nach Köln gefahren und hat dort sein ganzes Geld verzockt. Er hat immense Schulden. Durch die Hochzeit mit Nora wollte er sich sanieren. Ich bin noch mit Vera nach Köln gefahren und habe mit ihr die letzten Beweise für KWs Spielsucht gefunden. Bei unserer Rückkehr haben wir uns gestritten, wie wir die Hochzeit verhindern könnten. Ich wollte direkt zu Nora, Vera wollte erst mit ihrem Freund Piet, übriges ein Psychotherapeut, sprechen. Sie hatte ihn angerufen, und er hatte ihr versprochen, am nächsten Tag hierher zu kommen. Vera hat dann mit Piet ausgemacht, dass dieser zunächst mit KW sprechen sollte. Wie es endete, ist bekannt, KW hat Piet gezwungen, mit ihm zur Lichtung zu fahren, dort musste Piet den Abschiedsbrief schreiben und die Flasche Genever austrinken. Dann war der Selbstmord in Kombination mit den Autoabgasen fast perfekt.« Jupp atmete tief durch. »Danach hat KW Vera abgepasst, sie betrunken gemacht und in den Zyklopensteinen erschlagen. Ganz schön clever, dabei Handschuhe zu tragen und keine Fingerabdrücke zu hinterlassen. Weniger clever war es, den Kugelschreiber wieder mitzunehmen, statt ihn am Tatort zu lassen oder wegzuwerfen.« Jupp schüttelte verständnislos den Kopf.

»Das war die Chance für mich, ihn zu fangen. Entweder mit einer Hausdurchsuchung oder mit einem Trick. Als er mich gestern Abend provozierte, bin ich zum Schein wütend geworden und haute ab. Da glaubte KW wohl, leichtes Spiel zu haben und mit Hilfe von Wolle den Kugelschreiber scheinbar am Tatort zu finden.« Ein leichtes Lächeln flog über Jupps Gesicht.

»Ein wenig kenne ich meine Skatbrüder schon und ihre Überheblichkeit. KW glaubte wohl allen Ernstes, ich hätte Angst und Wolle sei zu dumm, um ihn zu durchschauen. Ich habe mich am Morgen mit einer Videokamera an der Lichtung versteckt und gefilmt, wie KW den Kugelschreiber ins Gras warf. Damit war das Spiel quasi aus. KW hat sich überreizt. Ich würde sagen, er hat sich total verzockt.«

FREIZEITTIPPS

33 Die Grenze zwischen Belgien und Deutschland gibt dem Preuswald den Namen, er wird von Preuse (Grenze) abgeleitet. Der Preuswald ist nicht nur ein Aachener Stadtteil sondern auch ein Wald- und Parkgebiet, das sich weit bis nach Belgien hinein erstreckt. Bereits Ende des 19. Jahrhunderts war Preuswald ein gut besuchter Luftkurort. Beliebt ist das Gebiet vor allem bei Wanderern, aber auch bei Kletterfreunden, die im ersten Aachener Kletterwald auf ihre Kosten kommen.

34 Der Aachener Wald, fast nur *Öcher Bösch* genannt, reicht von der belgischen und niederländischen Grenze bis fast in die Voreifel. Die »grüne Lunge« der Stadt südlich des Stadtzentrums hat eine Größe von 2.357 Hektar. Ein gut ausgebautes Wegenetz bietet über 100 Kilometer markierte und auch grenzüberschreitende Wege für Wanderer und Jogger. Außerdem verfügt er über einen, die Staatsgrenzen überschreitenden Bike-Park für ambitionierte Mountainbiker.

35 Mitten im Aachener Wald liegt das Waldrestaurant Gut Entenpfuhl. Es befindet sich in einem ehemaligen Gutshof der Biedermeierzeit und ist eine beliebte Anlaufstelle bei Spaziergängern und Wanderern.

36 Lichtenbusch, im Süden von Aachen an der Grenze zwischen Deutschland und Belgien gelegen, hat die Besonderheit, dass es aus einem belgischen und einem deutschen Teil besteht. Beliebt waren bis zu den 1980er Jahren die sogenannten Kaffeefahrten nach Lichtenbusch. In den belgischen Grenzgeschäften waren Zigaretten oder Kaffee erheblich billiger als in Aachen, Düsseldorf oder Köln einzukaufen. Dass Lichtenbusch auch eine Hochburg für Schmuggler war, blieb dabei nicht aus.

37 Der Aachener Wald ist ein geschichtsträchtiger Ort mit zahlreichen Boden- und Naturdenkmälern. In der Nähe der deutsch-belgischen Grenze bei der ehemaligen Grenzstation Köpfchen befinden sich die ältesten Funde: die Zyklopensteine. Diese Tertiärquarzite haben sich vor mehreren Millionen Jahren gebildet. Zu den weiteren Besonderheiten im *Öcher Bösch* gehören die Hügelgräber aus der Bronzezeit. Lose aufgeschichtete, unbehauene Steine bedecken einen darunterliegenden Sarkophag.

38 Zwangsläufig kann das viele Quellwasser aus Aachen wegen der südlichen Eifel nur in Richtung Norden abfließen. Es sammelt sich in der Soers und bildet dort ein großes Feuchtgebiet mit mehreren Zuläufen. Sie fließen in der Wurm zusammen, die als einziger Fluss aus dem Aache-

ner Becken fließt. Besonders bei Joggern und Reitern ist die weitläufige Naturlandschaft beliebt. Die Soers ist der tiefste Teil des Aachener Talkessels. Der Ortsname gehört zu den wenigen Ortsnamen im Deutschen, die immer mit Artikel benutzt werden.
Hierin wurden neben Sportstätten in jüngster Zeit unter anderem das Polizeipräsidium, die Justizvollzugsanstalt und das Finanzamt errichtet.

39 Der Vennbahn-Radweg beginnt am Aachener Bahnhof Rothe Erde und führt auf der ehemaligen Trasse der Zugstrecke zunächst über Kornelimünster, das Rolleftalviadukt und das Stellwerk Walheim nach Raeren. Nach 125 Kilometern endet er im luxemburgischen Troisvierges.

40 Das Hohe Venn, unmittelbar westlich angrenzend an die Eifel, ist mit rund 600 Quadratkilometern das größte Hochmoor in Europa und Teil des Deutsch-Belgischen Naturpark *Hohes Venn-Eifel*. Nicht nur bei Wanderern und Spaziergängern ist die weite Landschaft, durch die sich markante Holzstege schlängeln, sehr beliebt. Im Winter ist das Hohe Venn mit seinen Loipen Ziel von Skilangläufern aus Belgien, Deutschland und den Niederlanden. Die Wintersportler zieht es vornehmlich ins Gebiet des höchsten Punktes Belgiens. Es ist das Signal de Botrange mit einer Höhe von 694 Metern. Wegen der sensiblen Tier-

und Pflanzenwelt sind einige Bereiche der Moorlandschaft geschützt, das Verlassen der Wege und Stege ist dort strengstens untersagt.

41 Die Himmelsleiter, die B 258, führt von der Anschlussstelle Aachen-Lichtenbusch der A44 in die Eifel. Wegen ihrer schnurgeraden steilen Steigungsstrecken wird die Straße bei Roetgen *Himmelsleiter* genannt. Zwischen Roetgen und Monschau führt die B 258 für etwa drei Kilometer über belgisches Staatsgebiet.

42 Der Pelzerturm war ursprünglich als höchste Erhebung ein über 40 Meter hoher Aussichtsturm im *Öcher Bösch*, der 1899 errichtet wurde und den Namen des damaligen Oberbürgermeister Ludwig Pelzer trägt. Jetzt deuten nur noch einige überwachsene Steinbrocken auf ihn hin, nachdem er im Herbst 1944 von amerikanischen Soldaten gesprengt wurde. Sie hatten den Pelzerturm eingenommen, der als Beobachtungsposten der deutschen Flakabwehr genutzt worden war.

DIE LETZTE GELEGENHEIT

Es konnte eigentlich nur noch besser werden. Nach der modernen Opernaufführung im Stadttheater [43] saßen wir nun gegenüber auf der anderen Straßenseite im Degraa am Theater [44] und warteten auf das deftige Abendessen. Zeit genug, um bei einem frisch gezapften Obergärigen die Gedanken schweifen zu lassen und sich zu fragen, welchen Sinn es überhaupt noch machte, sich die Aufführungen der Städtischen Bühnen anzutun. Diese Art von Inszenierung war überhaupt nicht nach meinem Geschmack.

Aber was macht der Mann nicht alles, um seiner Liebsten einen Gefallen zu tun, auch wenn der Gefallen noch so abwegig ist?

*

Die Todesanzeige war klein und zurückhaltend. Sie versteckte sich geradezu zwischen den großen, mit schwarzen Rahmen, Symbolen, nachdenklich stimmenden Sprüchen und langen Namenslisten versehenen Trauerbekundungen. Doch gerade dadurch fiel sie uns bei der Zeitungslektüre am Frühstückstisch auf.

Plötzlich und überraschend sei ihr Gatte Franz Kümmeler gestorben, teilte Emma Kümmeler mit. Die Beisetzung habe in aller Stille stattgefunden. Weder

Ort noch Datum waren genannt. Auch fehlten jegliche Altersangaben.

Herzversagen, vermutete meine Lebensgefährtin Lieselotte sofort. Sie kenne die Frau. Sie würde immer in ihrer Apotheke die Rezepte des Kardiologen für ihren Mann einlösen. Vor einem knappen Monat sei sie das letzte Mal da gewesen und hätte das sehr teure, aber auch sehr wirksame Medikament gekauft, ein Herzspray, das auf dem Markt nicht sonderlich bekannt sei und nur selten verschrieben werde.

Wieder ein Kunde weniger, kommentierte ich ohne sonderliches Interesse. Nach der Todesanzeige zu urteilen, handelte es sich nicht gerade um ein mit Finanzmitteln üppig gesegnetes Paar.

Im Gegenteil, konterte meine Apothekerin. Beide Privatpatienten, mit einer Villa in Laurensberg unweit von Schloss Rahe [45], aber bescheiden und zurückhaltend lebend. Die Anzeige passe durchaus in das Bild, das sie sich von den beiden mache. Emma Kümmeler wäre wohl die zweite Frau des Verstorbenen, mutmaßte meine bessere Hälfte weiter.

»Sie war bestimmt 20 Jahre jünger als er und hat sich immer sehr fürsorglich um ihn gekümmert. Sie hat sich nie über ihr Schicksal an der Seite eines kranken Mannes beklagt«, wusste Lieselotte zu berichten, »selbst, als ihr Mann sein gesamtes Vermögen an seine Kinder überschrieben hat. Mehr noch, sie hatte ihn sogar dazu ermuntert.« So hatte Lieselotte es den Apothekenplaudereien entnommen. Sie sei gespannt, wann die Witwe wieder in die Apotheke kommen würde und was sie zu sagen hätte. »Ich informiere dich dann gerne weiter.«

Darauf konnte ich allerdings dankend verzichten. Ich wollte mein Pensionärsdasein nicht unbedingt mit Frauengetratsche ausfüllen und würde froh sein, wenn ich der städtischen Enge der Stadt wieder entfliehen und mich in meine Einöde nach Huppenbroich in die Eifel zurückziehen konnte.

Aber dazu würde es zunächst nicht kommen, nachdem meine Liebste mir eine vollgepfropfte Kulturwoche verschrieben hatte. Die passable Komödie im Grenzlandtheater 46 hatte ich noch ohne Murren über mich ergehen lassen, aber die Oper hatte meinen Gemütszustand erheblich aus dem Lot gebracht, und wenn mir jetzt auch noch das angebliche Meisterkonzert im Eurogress in zwei Tagen gegen den Strich gehen würde, dann könnte es ungemütlich werden.

Aber was macht Mann nicht alles?, dachte ich mir zum wiederholten Male, während ich meinen Blick aus dem Fenster der Etagenwohnung auf das Denkmal vom Schmied 47 auf der anderen Seite der Jakobstraße lenkte.

Sie hätte Arbeit für mich, meinte meine Partnerin, als sie am Abend nach Hause zurückkam. In ihrer in der Nähe des Marktes gelegenen Apotheke hätte sie geradezu haarsträubende Dinge gehört.

»Emma Kümmeler ist festgenommen worden und sitzt in Untersuchungshaft. Die Polizei glaubt, sie hätte ihren Mann umgebracht.«

Die Helferinnen aus der Arztpraxis hätten es erfahren und ihr berichtet. Die Polizisten hätten beim Kardiologen nach Unterlagen über den Verstorbenen gefragt und sich über die Krankheit und die Wirkungsweise des Medikamentes erkundigt.

Ich sollte in meiner früheren Dienststelle, dem Kommissariat für Tötungsdelikte, herausfinden, was es damit auf sich hat, forderte die bestürzte Lieselotte mich auf. Sie könne sich beim besten Willen nicht vorstellen, dass die liebende und fürsorgende Ehefrau ihren alten und schwer kranken Mann getötet haben soll. »Wie denn auch?«

Wie sollte ich das wissen? Ich war endlich im Ruhestand und hatte mit der Verbrechensbekämpfung abgeschlossen. Das war nicht mehr meine Baustelle.

Aber ich könnte mich doch wenigstens einmal erkundigen, drängelte meine Liebste. Es würde sie beruhigen, wenn sie wüsste, warum der nette ältere Herr sterben musste, und sie wäre erleichtert, wenn die Frau nichts damit zu tun hätte.

Es gab im Prinzip für mich nur eine Möglichkeit, zu verhindern, in den nächsten Tagen immer wieder wegen des Todesfalles angesprochen und genervt zu werden, verbunden mit dem stets wiederholten Vorwurf, trotz aller Bitten untätig geblieben zu sein. Dann würde der Kunstgenuss wahrscheinlich das kleinere Übel sein, zumal mich meine Liebste auch noch begeistert dazu genötigt hatte, an der Vernissage einer Kunstausstellung im Alten Kurhaus **48** teilzunehmen.

Jedenfalls war meine Rentnerruhe damit zunächst einmal dahin.

Der Anruf bei der Mordkommission musste schnell erfolgen. Je früher ich Klarheit schaffte, umso eher hatte ich meine Ruhe wieder und konnte mich anderen, sinnvollen Dingen widmen. Der Rasen musste unbedingt geschnitten werden, bevor er zum Fall für eine Sense statt eines Mähers wurde. Doch davor stand zunächst das Telefonat.

»Kein Problem.« Mein ehemaliger Stellvertreter Schmitz gab sich redselig. Schulze-Meyerdieck, den neuen Mann auf meinem Chefsessel, hätte ich niemals angerufen. Er und ich, wir konnten einfach nicht miteinander, wie ich gleich bei unserem ersten Zusammentreffen hatte feststellen müssen, als er versuchte, einen Mord an einem Makler aus Aachen in Huppenbroich aufzuklären und ich ihm zeigte, wie man den tatsächlichen Mörder überführt. Mein langjähriger Weggefährte hatte keine Bedenken, mich über den Fall zu informieren, der ihm von der Staatsanwaltschaft zugeteilt worden war.

Nach der Aktenlage hatte sich Franz Kümmeler allein auf einem Schlauchboot auf dem Stauweiher Kupferbach [49] befunden, als er eine Herzattacke erlitt. Die Wehr fand dann die Leiche im führerlos treibenden Boot.

Die Sprühdose mit dem lebensrettenden Spray, die Kümmeler bei sich führte, war leer.

»Er musste sterben, weil er kein Spray hatte«, sagte

der Kommissar, »und er hatte kein Spray, weil seine Frau die frische Sprühdose heimlich gegen eine alte, entleerte ausgetauscht hatte.« Die Staatsanwaltschaft Aachen gehe jedenfalls davon aus, dass Emma Kümmeler in berechnender Absicht die volle gegen die leere Dose austauschte und billigend in Kauf nahm, dass ihr Mann während ihrer Abwesenheit eine tödlich verlaufende Attacke erlitt. Sie selbst hätte zum Zeitpunkt des Todes an einer Wassergymnastik in der Elisabethhalle [50] teilgenommen, was andere Teilnehmerinnen bestätigt hätten. Danach habe sie einen Einkaufsbummel gemacht und hätte abends nach ihrer Rückkehr die Feuerwehr alarmiert, als sie ihren Mann nicht in der Wohnung antraf und er auch nach weiteren zwei Stunden nicht gekommen war.

Mein Einwand, es könne sich bei dem Todesfall doch um einen Unfall, einen Irrtum oder ein schicksalhaftes Ereignis handeln, ließ mein ehemaliger Stellvertreter nur bedingt gelten. Davon wären er und die Staatsanwaltschaft im Normalfall wohl auch ausgegangen, aber in diesem speziellen Falle gebe es einige Anhaltspunkte, die eher auf ein Fremdverschulden und damit auf eine Straftat als auf einen Unfall schließen lassen würden. So hätte der Verstorbene erst wenige Tage zuvor den Umfang seiner Lebensversicherung durch eine üppige Sonderzahlung verdoppelt. Außerdem sollte bei einem Unfall die doppelte Versicherungssumme fällig werden. Das habe so eine stattliche Summe von einer Million Euro erbracht. Schließlich habe er wenig später bei der Versicherungsgesellschaft nachgefragt, ob er statt seiner Ehefrau seine Kinder als mögliche Begünstigte angeben könnte. Allerdings hätte er aus zeitlichen Gründen erst in ein paar Tagen die Unterschrift leisten können.

»Es war gewissermaßen die letzte Gelegenheit für die Frau, finanziell überhaupt noch von ihrem Ehemann zu profitieren. Deshalb gehen wir stark davon aus, dass sie bei seinem Tod nachgeholfen hat«, sagte Schmitz.

Unfall? Zufall? Selbstmord? Mord?

Zwei dieser Möglichkeiten wollte der Kommissar von vornherein ausschließen.

»Gegen den Selbstmord spricht vor allem, dass der Verstorbene bei der Änderung des Versicherungsvertrages eine Auszahlung der Versicherungssumme bei Selbstmord ausdrücklich ausgeschlossen hat. Für einen Unfall gibt es überhaupt keine Anhaltspunkte. Wie soll jemand, der sich ganz alleine in einem kleinen Boot auf einem ruhigen Waldsee befindet, in einen Unfall oder etwas Anderem verwickelt werden?«, fragte der frühere Kollege. Er beantwortete selbst seine Frage. Franz Kümmeler sei weder bei einer Herzattacke die Spraydose aus der Hand und ins Wasser gefallen, noch habe er versehentlich die Spraydose entleert. Dass er irrtümlich eine leere Spraydose dabei hatte, sei zwar nicht auszuschließen, müsste aber der Ehefrau zur Last gelegt werden, weil sie jeden Tag sein Medikamententäschchen kontrollierte und auffüllte.

»Diesen Zufall schließen die Ermittler aus. Sie gehen davon aus, dass Frau Kümmeler ihrem Mann absichtlich eine leere Dose mitgegeben hat statt einer neuen, noch vollen. Sie will uns keine Erklärung dafür geben, warum sie die Jahre alte, absolut unbrauchbare Dose einpackte, während die unbenutzte in der Wohnung blieb. »Franz Kümmeler musste sterben, weil seine Frau ihn absichtlich darüber täuschte, sie habe ihm ein Medikament eingepackt. Sie hat seinen Tod gewollt, um die Lebensversicherung zu kassieren. Sie hat billigend in Kauf genommen, dass er eine Attacke erleiden könnte und dann mangels Spray stirbt.«

Was denn die beschuldigte Frau zu dieser Ansicht sage, wollte ich wissen.

Sie sei fassungslos und könne sich den Tod nicht erklären, antwortete Schmitz. Vielleicht habe sie tatsächlich die leere Spraydose, die sie immer bei sich führe, weil es die erste war, die ihr Mann benötigte, statt der vollen eingepackt. Das sei aber versehentlich geschehen. Außerdem hätte sich ihr Mann so wohl und gut gefühlt während der letzten Tage, dass er keinerlei Attacke erlitten und das Spray gar nicht gebraucht hätte. Er sei häufiger zu dem See gefahren, um dort seine Ruhe zu haben. Das sei sein Lieblingsplatz und dort sei es so wohltuend still.

»Wir nehmen ihr die Geschichte mit der Dosenverwechslung nicht ganz ab«, meinte der Kommissar. »Sie ist für uns nicht plausibel, zumal die Frau zu Protokoll gegeben hat, dass sie üblicherweise die leeren Behälter immer zur Entsorgung zur Apotheke zurückgebracht habe.«

Das stimme, bestätigte Lieselotte. Emma Kümmeler hätte stets die entleerten Dosen und auch andere, nicht mehr genutzte Medikamente in der Apotheke abgeliefert. Die Frau habe beim letzten Einkauf gesagt, ihr Mann benötige immer weniger Medizin. Die neue Dose sei eine reine Vorsichtsmaßnahme für den nächsten Urlaub. Der Kardiologe hätte ihr versichert, dass ihr Ehemann normalerweise in einer ruhigen Umgebung überhaupt nichts zu befürchten habe.

»Und bis dahin ist ja wohl Ruhe pur angesagt gewesen«, sagte meine Liebste. Kümmeler habe immer davon geträumt, so schilderte sie das Gespräch mit dessen Frau, auf einem Waldsee allein in einem kleinen Boot sein Nickerchen zu machen. Jahrelang habe er nach einer solchen Idylle gesucht und habe sie jetzt endlich am Stauweiher Kupferbach gefunden – eine richtig schöne Klischeevorstellung mit einer dramatischen Wendung, dass nämlich aus dem Schlaf die ewige Todesruhe wurde.

Meine bessere Hälfte wollte unbedingt parteiisch sein.

»Die Frau hat niemals ihrem Mann etwas antun wollen. Sie ist zu einem derartig dreisten Verbrechen gar nicht fähig. Sie ist dazu viel zu lieb und bescheiden. Es gibt viele, die sind viel schlimmer als wie sie.«

Unwillkürlich musste ich schmunzeln, das »als wie« bei jedem, auch noch so unmöglichen Vergleich war den Öchern einfach nicht auszutreiben. Das gehörte ebenso zum anerzogenen Sprachgebrauch wie das unvermeidliche »Ich hab kalt«.

Wozu Menschen fähig waren, um ihren Willen zu bekommen, wollte ich besser nicht erklären. Bei Geld ist schon so mancher ausgerastet, ob es ihm nun vorenthalten werden sollte oder ob es ihm geraubt wurde.

Nach meinem Wissensstand war alles möglich.

Ob es tatsächlich als Ergebnis des Ermittlungsverfahrens zu einer Anklage gegen die Witwe, zu einem Strafprozess und zu einem Urteil kommen würde, konnte ich nicht einschätzen. Allerdings war ich mir ziemlich sicher, dass die Lebensversicherungsgesellschaft alles daran setzen würde, um herauszufinden, was sie von ihrer Zahlungspflicht befreien würde.

Und was hatte die Frau davon in ihrer Situation?

Überhaupt nichts, wenn es zu ihrer Verurteilung wegen einer vorsätzlichen Tat kommen sollte. Und im anderen, für sie günstigeren Falle ein nervenzehrendes, langwieriges Verfahren mit einem ungewissen Ausgang, wenn sich die Versicherung quer stellen würde – und das würde sie erfahrungsgemäß.

*

Wir würden ihr dienstfreies Wochenende zu einem Bummel durch den Öcher Bösch nutzen, verkündete mir meine Apothekerin entschlossen und machte damit meine Überlegungen zunichte, die Zeit in unserem heimeligen Ferienhaus in Huppenbroich zu verbringen.

»Wir fahren bis zum Waldstadion 51. Ich will herausfinden, was da tatsächlich auf dem See passiert ist«, sagte sie allen Ernstes.

Sie spüre, dass etwas nicht stimme, meinte sie. Sie wollte nicht glauben, dass Emma Kümmeler eine Mörderin sei, zumal ja ihr Ehemann das Spray gar nicht mehr so oft benötigte. Die Frau sei immer so nett gewesen; jetzt müsse sie ihr helfen, worin auch immer diese Hilfe bestehen könnte.

Der Stauweiher war um ein Vielfaches leichter zu finden als eine Nadel im Heuhaufen, aber ob wir dort überhaupt eine Nadel finden könnten, die meiner Liebsten ihre Zufriedenheit verschaffte, wagte ich zu bezweifeln. Still ruhte der See, umrahmt von einem dichten Wald, aus dem ein Weg bis zu einem kleinen, hölzernen Steg führte.

Einen Wanderer, der uns entgegenkam, sprach Lieselotte unbekümmert an. Selbstverständlich hätte er vom dem tragischen Geschehen auf dem Wasser gehört, bestätigte er. Viele würden gerne auf den See hinausfahren und sich dort treiben lassen. Da sei es natürlich tragisch, wenn dort ein Mensch sterben müsste. Und geradezu peinlich sei es ihm, dass nach dem Todesfall die Schaulustigen vermehrt an die Stelle kämen. Er könne sich nicht erklären, was passiert sei, er habe nur mitbekommen, dass die Polizei die Frau des Toten festgenommen habe.

»Für die ist die Angelegenheit offenbar klar«, mutmaßte er.

*

Nein, nichts sei ihr klar, räumte meine Apothekerin grollend ein, als wir im Gasthaus vor unserer leckeren Mahlzeit saßen und mir der Wirt bereits das nächste

Bier zapfte. Es dürfe einfach nicht sein, dass man Frau Kümmeler moralisch oder rechtlich für den Tod ihres Mannes verantwortlich mache. Sie habe bestimmt nichts damit zu tun, behauptete Lieselotte beharrlich.

Das laute Gelächter am Nebentisch übertönte unser Gespräch. Ein junger Mann erzählte seiner Stammtischrunde von seinen Abenteuern in Kalifornien. Dort hatte er offenbar, wie ich mitbekam, an Wettfahrten für Heißluftballons teilgenommen und schilderte die Anekdoten am Rande des sportlichen Geschehens. Seine Kameraden vom AC-Ballonteam [52] hörten ihm begeistert zu.

Wir hatten bereits bezahlt und wollten uns verabschieden, als der junge Mann beiläufig in die Runde fragte, ob es etwas Besonderes gegeben habe in den letzten vier Wochen seiner Abwesenheit. Nichts Wichtiges sei geschehen, wurde ihm berichtet – bis auf einen Toten in einem Boot auf dem Stauweiher Kupferbach.

»Das kann doch nicht sein!«, entfuhr es dem Heimkehrer spontan. »Ich bin am Tag vor meiner Abreise mit drei Urlaubsgästen über den Öcher Bösch gefahren. Wir haben dabei dramatisch an Höhe verloren und wären im Weiher gelandet. Im letzten Moment habe ich den Brenner gezündet. Es war die absolut letzte Gelegenheit, sonst wären wir abgesoffen. Unter uns auf dem Wasser schlief ein Mann in dem Kahn. Der ist wie von der Tarantel gestochen aufgesprungen, als der Zünder knallte, und hat dann wild mit den Armen gefuchtelt. Der hat sich doch nicht etwa zu Tode erschrocken?«

Womit er wohl, wie meine Liebste mit einem triumphierenden Blick zu erkennen gab, todsicher recht hatte.

FREIZEITTIPPS

43 1751 erhielt Aachen sein erstes öffentliches Theater. 1825 wurde das Theater am Theaterplatz eröffnet. Das Haus hat seinen Sitz in einem von Karl Friedrich Schinkel und Johann Peter Cremer entworfenen klassizistischen Gebäudekomplex. Die Liste derjenigen Künstler, die im Stadttheater Aachen ihre Karriere begonnen oder tätig waren, beinhaltet einige bekannte Namen, etwa die der Dirigenten Herbert von Karajan und Wolfgang Sawallisch oder der Schauspieler Hans Jörg Felmy, Jürgen Prochnow und Sophie von Kessel oder der Regisseure Hans Schalla und Max Ophüls.

44 Die Brauerei Degraa wurde 1821 durch Peter Josef Degraa gegründet. 1989 erfolgte die Einstellung des Braubetriebes. Das Degraa am Theater erinnert an das ehemalige Bier aus Aachen. In diesem Degraa am Theater mit dem sogenannten Brauereiausschank gibt es mit dem Stehgraa die angeblich kleinste Kneipe Europas.

45 Laurensberg ist ein nordwestlicher Stadtteil mit historischen Villen und Gutshöfen entlang der Rathaus-, Mittel- und Schlossparkstraße. Schloss Rahe, mit Ursprüngen als Wasserburg im 13. Jahrhundert, wurde später zu einem Gutshof, der heutzutage viele Funktionen hat. Unter anderem finden dort kulturelle Veranstaltungen statt.

46 Das Markenzeichen des 1950 zunächst als Zimmertheater gegründeten Grenzlandtheaters am Friedrich-Wilhelm-Platz ist ein vielfältiger Spielplan. Das Theater hatte sich zunächst zur Aufgabe gemacht, neue Autoren und Stücke zu spielen, die hierzulande nicht zu sehen waren und ist jetzt mit einem abwechslungsreichen Programm erfolgreich.

47 Der Wehrhafte Schmied gehört wie Lennet Kann zu den sagenhaften Figuren der Aachener Stadtgeschichte. Er soll seine Heimatstadt im 13. Jahrhundert vor dem Herzog von Jülich gerettet haben, dem er mit List und Tücke entgegentrat, als dieser Aachen einnehmen wollte. Zu Ehren des städtischen Volkshelden wurde das 1909 geschaffene Brunnendenkmal an der Jakobstraße aufgestellt. Er gilt als Symbol für das Selbstbewusstsein und die Eigenständigkeit der Öcher.

48 Das Alte Kurhaus an der Komphausbadstraße ist mit seinen beiden Veranstaltungsorten für kulturelle Ereignisse unterschiedlicher Art geeignet. Zur Auswahl stehen der historische Ballsaal und die Klangbrücke. Der Ballsaal ist mit seinem barocken Ambiente für Konzerte, Bälle, Seminare und repräsentative Events geeignet. Die Klangbrücke ist ein moderner Aufführungsort. Der Raum liegt in der Brücke über der Kurhausstraße.

49 Der Stauweiher Kupferbach im Aachener Wald ist vom Beginn der Monschauer Straße aus zu erreichen. Seit 1928 gibt es den See, in dem der Kupferbach aufgestaut wird. Jogger und Wanderer kommen ebenso hierhin wie diejenigen, die Ruhe und Natur suchen. Wege führen in den Aachener Wald bis hin nach Belgien.

50 Die Elisabethhalle an der Elisabethstraße wurde nach rund dreijähriger Bauzeit am 17. Juli 1911 eröffnet. Sie ist eine der wenigen Schwimmhallen aus der Epoche des Jugendstils in Deutschland, die noch als Schwimmbad genutzt werden.

51 Das Waldstadion Aachen wurde 1927 am Rande des Aachener Waldes am I. Roten-Haag-Weg gebaut und 1980 in seiner Gänze in die Denkmalliste für die Stadt Aachen aufgenommen. Das historische Stadion ist Ausgangspunkt für viele Wanderungen und Spaziergänge.

52 Das AC-Ballonteam bietet Fahrten ab drei Stellen in Aachen an: im Ferberpark in Burtscheid, auf der Hollandwiese in der Nähe der Uniklinik und im Stadtpark.

ABENDMAHL

Unbeschwert, unbekümmert, von den Sorgen des Alltags befreit, so bezeichnete die Ü-60-Riege, größtenteils aus Rentnern und Frührentnern bestehend, das Wohlgefühl, wenn sie abends an der Hotelbar über ihr momentanes Leben plauderten. Alljährlich traf sich die Gruppe der Senioren in unterschiedlicher Zusammensetzung immer wieder, wenn sie wegen des CHIO [53] nach Aachen kamen. Das Weltfest des Pferdesports gab den einwöchigen Rahmen vom sonntäglichen Eröffnungsgottesdienst bis zum Abschied der Nationen am darauffolgenden Sonntag vor.

Dieses, auf den ersten Blick unscheinbare Hotel in der Nähe vom Europaplatz [54] war im Laufe der Zeit zu ihrem Stammhotel geworden, in dem sie eine gemeinsame Woche verbrachten.

Begonnen hatte diese Tradition eher zufällig, als sich vor knapp zehn Jahren einige der Gruppenmitglieder bei einem Kuraufenthalt in Bad Aachen [55] kennen- und schätzen gelernt hatten, und dann, wie alle Kurgäste, schon bei der Ankunft und der Anmeldung erfahren mussten, dass Bad Aachen freiwillig auf den Zusatz »Bad« verzichtet, um im Alphabet der deutschen und internationalen Städtenamen den vorderen Rang zu behalten.

Einige der Kurenden waren in das Schwertbad wegen orthopädischer Befunde, andere in die Rheumaklinik zur stationären Behandlung eingewiesen worden. Bei den Anwendungen, in den Gesprächskreisen im Kurzentrum und bei Unternehmungen in der Region hatte man viele Gemeinsamkeiten gefunden.

Nicht zuletzt der Besuch beim traditionsreichen Reitturnier im Sportpark Soers 56 während der gemeinsamen, harmonischen Tage und Wochen hatte zu der Vereinbarung geführt, sich regelmäßig zur CHIO-Zeit wiederzutreffen.

Die Spielregeln bei ihrem Treffen waren klar. Private Sorgen und Nöte wurden nach Möglichkeit ausgespart. Zank und Streit wurden vermieden, über Geld und Politik wurde nicht gesprochen. Allenfalls der Wahrheitsgehalt eines Berichts in der Boulevardzeitung mit dem Namen aus vier Buchstaben sorgte für hitzigen Diskussionsstoff; aber auch nur bis zum nächsten Tag, weil es Wichtigeres gab als der journalistische Unsinn.

Der Aufenthalt in dem sauberen Vier-Sterne-Haus war für jeden in der Gruppe erschwinglich, nicht so wie in den exklusiven Hotels wie etwa dem ehemaligen Quellenhof an der Monheimsallee.

Das Hotel war der Dreh- und Angelpunkt des Daseins, der Aufenthalt klar strukturiert – vom Frühstücksbüffet am Morgen bis zum abendlichen Absacker an der Bar, an der Barkeeper Rudolf nicht nur mit flotten Sprüchen unterhielt, sondern auch mit erstaunlichen Erinnerungen über seine Gäste verblüffte.

Der Barkeeper, den es schon vor Jahren aus Norddeutschland ins westliche Grenzgebiet verschlagen hatte, kannte sie alle, den rüstigen Mittsiebziger Paul-Gerhard aus Koblenz, den geheimnisvollen Hendrik aus den Niederlanden, den Schriftsteller Heinrich-Josef, von dem niemand wusste, ob er tatsächlich Schriftsteller war oder nur schauspielerte, die flotte Witwe Elisabeth aus dem Ruhrgebiet, den gutmütigen, ehemaligen Werkzeugmacher Wolfgang aus Bayern und wie sie alle hießen.

Im Laufe der Jahre waren zwei Mitglieder verstorben und neue zur Gruppe gestoßen, weil sie als Freunde und Bekannte mitgebracht worden waren.

Der Barkeeper Rudolf wusste, wer im Hotel wohnte, und er wusste auch, wer von außen hinzustieß, um in der Gruppe mitzutrinken, zu reden, dabei zu sein.

Wie etwa der »heilige Mann«, ein selbsternannter Laienprediger, der ebenfalls stets zum CHIO nach Aachen kam, um während dieser Zeit mit seiner Freundin Brigitte ungestörte Zweisamkeit zu erleben, und der an der Bar plaudernd Getränke schnorrte. Bisweilen kam es vor, dass überraschend seine Frau für eine Stippvisite nachreiste. Dann musste die Freundin weichen und wurde kurzerhand nicht nur in ein anderes Hotelzimmer umquartiert, sondern von ihm vor seiner Frau auch als gute Bekannte von Hendrik, Paul-Gerhard oder Wolfgang dargestellt, eben just als Bekanntschaft desjenigen, der gerade greifbar war.

Alle spielten dieses Spiel mit.

Alle kannten die tatsächlichen Beziehungen, alle, bis auf die Frau des Heiligen. Dass die vorübergehend abgeschobene Freundin gelegentlich zickte, gehörte zum schäbigen Spiel dazu.

Sie würde sich mit dem Heiligen versöhnen und sich an seine Brust schmiegen, sobald seine Gemahlin das Hotel wieder verlassen hatte.

Doch momentan waren der Heilige und seine irdischen Gelüste ebenso wenig das Thema wie der Besuch im Ludwig Forum **57** an der Jülicher Straße, auch wenn die Ausstellung und das Gebäude Staunen und Bewunderung hinterlassen hatten.

Es war zu einer Gepflogenheit der Gruppe geworden, nicht nur nach dem Mittagessen die sportlichen Ereignisse beim Reitturnier zu verfolgen, sondern darüber hinaus auch morgens innerhalb eines Rahmenprogramms Ausflüge zu Attraktionen der Region zu unternehmen. Und in diesem Jahr war die Museumslandschaft in Aachen das Begleitthema, auf das man sich ein Jahr lang einstimmen konnte. Angefangen hatte das Programm mit einem Besuch des Internationalen Zeitungsmuseums **58** an der Pontstraße mit einer kleiner Verschnaufpause in »Reuters House« **59**, den der vermeintliche oder auch tatsächliche Autor Heinrich-Josef durchaus fachkundig vorbereitet hatte. Weiter führte der Ausflugsreigen über die Domschatzkammer **60** an der Klostergasse mit Exponaten von unschätzbarem Wert bis zum im öffentlichen Bewusstsein oftmals verkannten Suermondt-Ludwig-Museum **61** an der Wilhelmstraße, durch das der allwissende Hendrik führen musste.

Das derzeitige, alles beherrschende Thema indes war viel ernster und erinnerte die Seniorentruppe an die Endlichkeit eines jeden Einzelnen.

Das Thema war der Tod.

Friedrichs Ableben kam nicht gänzlich unerwartet. Herzversagen, stellte der Arzt unaufgeregt als Todesursache fest. Nur wenige Gäste aus den Nachbarzimmern hatten das dramatische Geschehen am frühen Morgen noch vor Sonnenaufgang mitbekommen.

Die sechs Tischgenossen beim Frühstück vermuteten das Schreckliche, als das Ehepaar nicht wie gewohnt erschien.

Die Riege hatte das Pärchen in ihre Runde aufgenommen. Es waren Neulinge gewesen, die eher zufällig bei der Suche nach einer Unterkunft in Aachen für die Turnierwoche in ihrem Hotel eingekehrt waren und die vielleicht das Zeug mitbrachten, in den Klub der immer Wiederkehrenden aufgenommen zu werden. Man hatte sie beäugt, beobachtet und sie danach wohlwollend in den kleinen Kreis aufgenommen, obwohl niemand sicher war, ob das Paar überhaupt Teil ihrer Gruppe werden wollte. Dem Auftreten und der Kleidung nach passten die beiden vielmehr in eines der Nobelhotels statt in ihr eher bescheidenes Hotel. Aber das war kein Problem, das die Urlaubsfreude trüben konnte.

Noch am Vorabend hatte die eingespielte Seniorengruppe mit den Neulingen das Hotel verlassen und war in die Innenstadt gefahren, um dort in einem sterneprämierten Restaurant »richtig« zu essen, wie Elisabeth sich ausdrückte. Eine der traditionellen Delikatessen, Sauerbraten, hatte Alleskönner Hendrik für die Gruppe geordert. Die Auswahl der Aachen-typischen Delikatessen war ohnehin nicht groß und beinhaltete vorrangig Printen, Schokoladen oder Wacholder-Schnaps, nachdem Degraa, das obergärige Bier aus einer Aachener Brauerei und der Kaiserbrunnen als wertstoffhaltiges Mineralwasser nicht mehr angeboten wurden.

Man hatte gelacht, unbeschwert geplaudert und dabei unverhohlen versucht, das Ehepaar auszuhorchen, als man passend zur Delikatesse im Sauerbratenpalast **62** an der Vaalser Straße eingekehrt war.

Und nur wenige Stunden später war die unvermeidliche Endlichkeit für einen von ihnen zur unveränderbaren Wirklichkeit geworden.

Das Hotelpersonal war oder tat auf Nachfrage von Hendrik, dem von allen respektierten Sprecher der Gruppe, ahnungslos. Das Sterben von Gästen gehörte nicht zu den Themen, die vor Publikum angesprochen werden sollten. Es war schon tragisch genug und wenig werbewirksam, wenn einer der Hotelgäste wegen eines Unfalls oder nach einem Ausflug nicht mehr zurückkam oder im Bett liegend nicht mehr reanimiert werden konnte. Und wenn der Tod im Hotel eintrat, war fast zwangsläufig mit einem vorübergehenden Einbruch bei den Buchungen zu rechnen.

An der Rezeption versteckte sich die üblicherweise sehr zuvorkommende polnische Praktikantin Natascha hinter ihren mangelnden Deutschkenntnissen, als sie die entsprechenden Fragen von Hendrik zum Tod des Mannes nicht verstehen wollte.

Alleswisser Rudolf, an der Hotelbar weitaus informationsfreudiger gegenüber den Gästen als seine Kollegen im Hotel, hatte ausgerechnet heute seinen freien Tag. Von ihm würde man abends auch nichts erfahren können.

Mittags wurde die Vermutung zur Befürchtung, und beim Abendessen zur Gewissheit, als die Frau alleine am großen, runden Gruppentisch erschien.

»Ihr habt bestimmt schon mitbekommen, dass Friedrich tot ist«, sagte sie gefasst. In ihrer leichten Urlaubskleidung sah sie keineswegs wie eine trauernde Witwe aus.

Aber wer nahm schon schwarze Trauerkleidung mit zum Reitturnier nach Aachen?

Lediglich ihr trübseliger Blick aus den verquollenen Augen und das schwarze Halstuch aus Seide deuteten auf das tragische Geschehen hin, unter dem sie litt. Die Beileidsbekundungen im Speisesaal nahm sie dankend entgegen.

»Schade«, meinte sie gedankenversunken, während sie ebenso lustlos im Salatteller herumstocherte wie ihre bestürzten und verlegenen Tischnachbarn, die sich nicht trauten, ein Gespräch zu beginnen.

Das Thema Tod hatte in ihrer Runde eigentlich keinen Platz.

»Schade«, wiederholte die Witwe. »Da kann man nichts machen. So ist halt das Leben.« Sie lächelte schwach. »Aber ich hatte eine schöne Zeit mit Friedrich. Und er hatte gestern noch einen wunderschönen Abend. Er liebte gutes Essen. Und von gestern schwärmte er noch, als wir zu Bett gingen. Das Pferdefleisch war einmalig.«

Die Tischgesellschaft nickte verständnisvoll, auch wenn sie sich nicht im Klaren war, ob es gestern Abend tatsächlich Pferdefleisch gegeben hatte. Darauf hatte es auf der Speisekarte keinen Hinweis gegeben. Aber sie wollten nicht widersprechen. Das war ja nun wirklich nebensächlich.

Die Umgebung schien in Melancholie zu versinken. Sie alle am Tisch hatten von Friedrichs Krankheitszustand gewusst und sie hatten die intensive Fürsorge miterlebt, mit der seine Gattin ihn umhegte und pflegte. Penibel hatte sie darauf geachtet, dass er morgens und abends seine Tabletten einnahm, die sie stets dabei hatte. Besondere Bedeutung maß sie den Herztabletten zu, die sie in einer speziellen Pillendose aufbewahrte. Selbst gestern, beim Abendessen, hatte sie ihn am Tisch vor dem Dessert daran erinnert und ihm das Medikament gereicht.

»Ohne die Tabletten könnte er nicht leben.«

Das hatte sie schon am ersten Tag gesagt und jetzt wiederholte sie es: »Ohne die Tabletten könnte er nicht leben.«

Mit offensichtlich auch nicht, lag einem Beileid heuchelnden Nachbarn, der als Spaßmacher der Clique bekannt war, auf der Zunge. Er verkniff sich die respektlose Bemerkung, nachdem Hendrik ihn mahnend angeschaut hatte.

Es war bemerkenswert gewesen, wie liebevoll sich die gerade 50-Jährige um ihren fast drei Jahrzehnte älteren Ehemann kümmerte, der ihre Aufmerksamkeit in vollen Zügen genossen hatte.

»Das war Liebe bis in den Tod«, seufzte sie ein wenig zu dramatisch, während sie den Salatteller zur Seite schob. »Als ich gegen vier Uhr aufwachte, spürte ich sofort, dass Friedrich nicht mehr atmete.« Schniefend suchte sie in ihrer Handtasche nach einem Taschentuch und zog dabei mit dem Tuch die Pillendose heraus. Der kleine Behälter fiel zu Boden und sprang auf, die Tabletten verteilten sich.

»Nicht so schlimm«, sagte sie, als sich Paul-Gerhard nach den Pillen bückte. »Ich kann sie sowieso nicht mehr gebrauchen.« Nachdenklich füllte sie die Medizin in die Dose zurück. »Das ist meine letzte Erinnerung an ihn.«

»Bleibst du?«, fragte Elisabeth, selbst verwitwet, voller Mitgefühl.

»Nein.« Die Frau schnäuzte sich und schüttelte den Kopf. »Ich reise morgen in aller Frühe zurück nach Hause. Das ist mein Abschiedsessen mit euch.« Man würde sich wohl nicht mehr wiedersehen, meinte sie sachlich.

Es war halt Freizeit und sie alle seien Freizeitbekanntschaften. Und dass sie ihren CHIO-Aufenthalt so schmerzlich abbrechen müsse, hätte ja niemand ahnen können.

Auch dem Schlummertrunk an der Hotelbar blieb die Witwe fern, wofür alle Verständnis aufbrachten, wartete doch schon um fünf Uhr der Abholdienst auf sie.

»Wo wohnt die eigentlich?«, wollte jemand wissen.

Doch erntete er nur ahnungsloses Schulterzucken als Antwort.

So stießen die Senioren in ihrer Abwesenheit auf das Wohl der Witwe und auf Friedrichs neues Leben im Irgendwo an.

Wie immer löste sich die Gesellschaft noch vor Mitternacht auf.

»Wolfgang, du musst mir helfen.« Unumwunden bat der Heilige den Bayern beim Gang zu dessen Zimmer um Hilfe. Für ihn war schon wieder Alltag eingekehrt. Er hatte andere Probleme als den Tod eines zufälligen Bekannten. »Du musst unbedingt Brigitte aufnehmen. Meine Frau kommt morgen für zwei Tage.«

»Du hast Sorgen«, brummte Wolfgang wenig begeistert. »Das muss ich mir noch überlegen.«

Am nächsten Morgen entdeckte Heinrich-Josef beim Frühstück zwei Tabletten, die versteckt hinter dem Tischbein liegen geblieben waren. Der Fund sprach weder für die Gründlichkeit des Reinigungspersonals noch für die Sorgfalt von Paul-Gerhard, dachte er belustigt.

»Willst du eine?«, fragte er Elisabeth mit gespieltem Ernst. »Bestimmt nicht«, gab er selbst die Antwort, als sie ihn entsetzt ansah. Gedankenverloren warf er die Tablette in das Glas mit dem stillen Wasser.

Sie löste sich sofort auf.

»Ist das normal?«, fragte er erstaunt.

»Keine Ahnung«, antwortete Paul-Gerhard. »Gib mal her!« Er leckte an der zweiten Tablette und schaute verblüfft auf. »Das ist reiner Traubenzucker.«

»Bist du sicher?« Zeitgleich stellten Elisabeth und Heinrich-Josef die Frage.

»Absolut. Ich hab das Zeug früher verkauft.«

»Weißt du, was das bedeutet?« Elisabeth hatte sich an den Gruppenführer Hendrik gewandt, der genüsslich die Portion Spiegelei mit ausgelassenem Speck in sich hineinschaufelte.

»Ich vermute, was es bedeuten kann«, antwortete er stirnrunzelnd. »Aber wir werden es wohl nie wirklich herausfinden, ob sie ihm absichtlich Placebos verabreicht hat, ob sie ihn tatsächlich damit töten wollte oder ob es nur ein Zufall ist.«

Die Witwe zu fragen, dazu war es zu spät. Sie war wahrscheinlich längst weg.

Brachte es etwas, die Polizei zu informieren?

Hendrik winkte kauend ab. »Ehe die hier kapieren, was wir denken und ehe dann die Polizei in ihrem Heimatort informiert worden ist, vergeht eine Ewigkeit.« Fragend schaute er in die Runde. »Und was haben wir außer einer angeleckten Pille aus Traubenzucker?« Er schüttelte den Kopf. »Lasst uns leben, der Tod kommt früh genug.«

Um Leben oder Tod ging es offenbar dem heiligen Mann. Erneut ging er auf Wolfgang zu.

»Du musst mir heute helfen«, bat er fast schon flehentlich. »Meine Frau kommt gleich. Sie ist schon am Hauptbahnhof 63 angekommen.«

Die Gefälligkeit ließ er sich etwas kosten, was Wolfgang verwunderte. Bislang hatte es der Heilige als Selbstverständlichkeit angesehen, dass ihm die anderen Männer halfen. Dieses Mal musste es ihn wohl sehr drängen, warum sonst sollte er zu der unerwarteten Geste greifen?

Als Gegenleistung bot der Heilige dem passionierten Jäger ein kostbares Jagdmesser an.

»Das war teuer«, urteilte Wolfgang fachmännisch, als er das Gerät in der Hand wiegte und es interessiert betrachtete.

»Für deinen Freundschaftsdienst ist mir nichts zu teuer«, meinte der Heilige, der wohl Politiker oder Professor gewesen sein sollte; ganz genau wusste es niemand. Jedenfalls wurde es so in der bunt zusammengewürfelten Gesellschaft gelegentlich gemunkelt.

Jetzt war er nur Fremdgänger.

Und er musste Geld genug haben, um sich ein Hotelzimmer, eine Freundin und dann auch noch dieses kostbare Geschenk leisten zu können, dachte sich Wolfgang schmunzelnd.

»Na, gut.« Er willigte ein. Dem Jagdmesser konnte und wollte er nicht widerstehen. »Aber wirklich zum letzten Mal«, sagte er und legte das wertvolle Geschenk auf dem Schreibtisch ab.

»Ich muss los.« Der Heilige verabschiedete sich hastig. »Sie wartet bei den Pferden auf dem Bahnhofsvorplatz 64 auf mich.«

Brigitte machte das täuschende Spiel erwartungsgemäß wieder mit.

»Aber nicht mehr lange«, kündigte sie schmollend wie immer bei ihrem Einzug in das geräumige Zimmer von Wolfgang an. »Er muss sich endlich einmal entscheiden, entweder sie oder ich.«

Wolfgang schwieg dazu. Wenn er ehrlich war, war ihm Brigittes Gegenwart nicht einmal unangenehm.

Aber sie würde wieder gehen und garantiert wieder schmachtend in die Arme des Heiligen sinken, statt in seinen zu bleiben.

Brigitte würde wohl immer nur eine Frau seiner Träume bleiben.

Der Heilige hatte ihm nicht nur das Messer geschenkt, er spendierte ihm auch ein Essen seiner Wahl, wo immer er wollte.

Wolfgang entschied sich für eines der beiden mit einem Michelin-Stern bedachten Restaurants in Aachen. Er hatte einen Platz im La Bécasse an der Hanbrucher Straße ergattern können. Im ebenfalls ausgezeichneten St. Benedikt wäre er nicht schlechter aufgehoben gewesen, doch war ihm die Fahrt nach Kornelimünster 65 zu lästig gewesen.

Zu seinem Bedauern hatte es Brigitte mit einem Hinweis auf einen Migräneanfall abgelehnt, ihn zu begleiten.

Das Menü mit sechs Gängen schmeckte köstlich. Und sein Vergnügen an diesem Gaumenschmaus war noch größer, weil er die Rechnung dem Heiligen ebenso präsentieren würde wie die Quittung des Taxifahrers, der sich über ein üppiges Trinkgeld freuen konnte. Rechtzeitig zum Absacker im Gruppenkreis an der Bar war er zurück.

Als er gegen Mitternacht sein Zimmer betrat, erschrak Wolfgang fast zu Tode.

Blutüberströmt lag Brigitte auf dem Bett. Unzweifelhaft war sie tot. Mehrere Messerstiche in die Brust und eine durchtrennte Kehle ließen keine Zweifel aufkommen. Neben der Leiche lag die Tatwaffe, das Jagdmesser mit der blutbehafteten Klinge, das ihm der Heilige geschenkt hatte.

Brigitte hatte offensichtlich einen Einbrecher überrascht, der sie daraufhin getötet hatte.

So musste es gewesen sein, glaubte Wolfgang, der über eine Stunde fassungslos neben der Leiche hockte.

Und so glaubte es auch die geschockte Gesellschaft, nachdem sie vom zweiten Todesfall in ihrem Hotel binnen weniger Tage erfahren hatte.

Nur die Polizei hatte eine andere Vorstellung von diesem Tathergang. Sie verhaftete Wolfgang, nachdem die Ermittler keine Fremdspuren in dem Apartment gefunden und seine Fingerabdrücke auf der Tatwaffe identifiziert hatten. Er habe, so die Version der Polizei, die Frau getötet, weil sie sich ihm verweigert hatte, als er sie sexuell bedrängte. Er sei, so habe der Taxifahrer ausgesagt, nicht mehr ganz nüchtern gewesen; eine Einschätzung, der niemand widersprechen konnte, der ihn an der Hotelbar gesehen hatte.

Aber zugleich konnte sich niemand vorstellen, dass Wolfgang ein Mörder sein sollte.

Als die Senioren befragt wurden, bezeichneten sie ihn als den ruhigen, hilfsbereiten Menschen, als den sie ihn gekannt hatten.

Aber war er wirklich unschuldig?

Hatte er nicht schon immer ein Auge auf Brigitte geworfen?

War er eifersüchtig auf den Heiligen gewesen?

Je länger sie nach Antworten suchten, umso unsicherer wurden sie. Vielleicht war Brigitte an ihrem Schicksal selbst schuld? Immerhin war der Heilige verheiratet und jetzt wieder mit seiner Frau zusammen.

Der Heilige ließ sich nach diesem Verbrechen nicht mehr im Hotel blicken. Auch nicht im nächsten Jahr. Er war ebenso schnell und abschiedslos verschwunden wie die Witwe von Friedrich. Sein Haus in Deutschland hatte er weit unter Preis verkauft, weil er ans Mittelmeer ziehen wollte, wie jemand von einem Makler gehört haben wollte. Aber ob das tatsächlich stimmte, wusste niemand, als die Senioren wieder ihre gemeinsame Zeit beim CHIO verbrachten.

Friedrichs Witwe wurde ebenfalls nicht mehr gesehen. Sie war, wie Hendrik nach seiner Internetrecherche herausgefunden und Elisabeth berichtet hatte, erst seit zwei Jahren mit Friedrich verheiratet gewesen, hatte ein enormes Vermögen geerbt und war wie vom Erdboden verschluckt.

Und auch Wolfgang wurde zu einer Episode von vielen. Schließlich waren sie nicht nach Aachen gekommen, um über den Tod zu reden, sondern um unbeschwert, unbekümmert, von den Sorgen des Alltags befreit bei angenehmen Temperaturen das Leben in ihrer touristischen Idylle und den Pferdesport der Weltklasse zu genießen.

Was sie nicht wussten, war der Umstand, dass sie sich in unmittelbarer Nähe von Wolfgang aufhielten, wenn sie im Dressurstadion mit Pferd und Reiter fieberten. Denn er saß seine lebenslange Haftstrafe wegen Mordes in der Justizvollzugsanstalt Aachen in der Soers direkt neben dem Gelände des Aachen-Laurensberger Renn- und Fahrvereins ab.

Sechs Jahr später bekam Wolfgang einen Brief von einem Notar. Er enthielt ein handschriftliches Schreiben des Heiligen, das nach seinem Tod an Wolfgang überreicht werden sollte.

Ungläubig las der nunmehr über 70-jährige Häftling die wenigen Zeilen: »Ich musste Brigitte töten. Meine Frau hat mir mit Scheidung gedroht. Ich wäre mittellos gewesen, weil sie vermögend ist und ich im Prinzip arm wie eine Kirchenmaus bin. Ich habe Brigitte erstochen und ihre Kehle mit dem Jagdmesser durchtrennt, das ich dir geschenkt habe. Ich hoffe, dieses Schreiben verhilft dir noch zu einigen Jahren in Freiheit.«

FREIZEITTIPPS

53 Der CHIO (Concours Hippique International Officiel) findet seit 1924 im Reitstadion in der Soers statt. Er besteht aus den Disziplinen Springreiten, Dressurreiten, Fahren, Vielseitigkeitsreiten und Voltigieren. Das »Weltfest des Pferdesport«, wie der Veranstalter Aachen-Laurensberger Rennverein (ALRV) als Veranstalter den CHIO Aachen bezeichnet, ist die einzige Veranstaltung ihrer Art in Deutschland.

54 Der Europaplatz ist das Einfahrtstor nach Aachen. Hier endet die Autobahn in einem mehrspurigen Kreisverkehr. Besonderes Merkmal ist der größte Brunnen Aachens in der Mitte mit einer nachts beleuchteten Fontäne. Rundum sind die Flaggen der Europäischen Union und der Mitgliedsstaaten aufgezogen.

55 Die Kurstadt Aachen hat ihren Ursprung in den über 30 schwefelhaltigen, heißen Quellen, die schon zur Römerzeit bekannt und beliebt waren. Im Laufe der über 2.000-jährigen Bädertradition haben sich zahlreiche Kaiser und Könige der heilenden Kraft des Aachener Mineralwassers anvertraut. Ursprünglich befand sich das Kurzentrum im Bereich der Monheimsallee, nunmehr ist es in Burtscheid angesiedelt. Begrenzt von den historischen Kirchen St. Johann und St. Michael bilden die Park- und Kuranlagen sowie die begrünte Fußgängerzone mit ihren Freischachanlagen den pulsierenden Mittelpunkt des Kurzentrums.

56 Der Sportpark Soers umfasst neben dem weltgrößten Reitstadion und dem modernsten Dressurstadion der Welt als Austragungsort des CHIO auch das Fußballstadion Tivoli, Spielstätte von Alemannia Aachen, und die Tivoli-Eissporthalle.

57 Das Ludwig Forum für Internationale Kunst als Museum für moderne Kunst gründet auf der *Sammlung Ludwig*, die das Ehepaar Irene und Peter Ludwig zusammengetragen hat. Es hat seinen Platz in der ehemaligen Schirmfabrik Brauer, einem Gebäude im Bauhausstil. Viele der Werke sind weltberühmt, etwa die so genannte *Supermarket Lady* des amerikanischen Bildhauers Duane Hanson oder das fotorealistische Gemälde *Medici* von Franz Gertsch.

58 Das Internationale Zeitungsmuseum verfügt über eine weltweit einmalige Sammlung. Rund 200.000 Zeitungen aus aller Welt und aus fünf Jahrhunderten machen den imposanten Bestand aus. Somit ist ein Blick von den Anfängen der Printmedien bis hin zur Gegenwart möglich. Doch beschäftigt sich das Zeitungsmuseum auch mit der

Zukunft des Mediums und bietet in einer interaktiven Ausstellung einen in dieser Form weltweit einmaligen Überblick. Das Internationale Zeitungsmuseum ist nicht auf den ersten Blick hin erkennbar, es befindet sich an der Pontstraße in einem Wohnhaus aus dem 15. Jahrhundert.

59 An der Pontstraße 117, nicht weit vom Internationalen Zeitungsmuseum entfernt, liegt das Gründungshaus der Nachrichtenagentur Reuters. Paul Julius Reuter hatte sie 1850 gegründet. Durch den Einsatz von Brieftauben, die er vom Dach dieses Hauses aufsteigen ließ, gelang es ihm, schneller als bis dahin möglich war, Informationen nach Brüssel zu bringen. Jetzt hat sich in dem Haus ein Restaurant etabliert.

60 Die 1995 neu strukturierte Domschatzkammer ist mit ihrer Sammlung von Schmuckstücken und Kostbarkeiten aus der Geschichte des Aachener Domes eine der bedeutendsten Kirchenschätze Europas. Sie verfügt über sakrale Kulturschätze aus spätantiker, karolingischer, ottonischer, staufischer und gotischer Zeit.

61 Das Suermondt-Ludwig-Museum besitzt Kunstwerke von der Antike bis in die Mitte des 20. Jahrhunderts. Das Museum verfügt über eine der bedeutendsten Skulpturensammlungen Deutschlands mit Exponaten aus dem 12. bis 16. Jahrhundert. Untergebracht ist das Suermondt-Ludwig-Museum in einem für Aachen typischen großbürgerlichen Stadtpalais des späten 19. Jahrhunderts.

62 Im Sauerbratenpalast an der Vaalser Straße wurde der Charme der 50er konserviert. Das Öcher Ambiente ist Kult: altes Mobiliar, alte Bilder, bunter Kitsch aus Karneval und Fußball. Und der Sauerbraten ist angeblich der »beste der Welt«. Übrigens nicht aus Pferdefleisch. Das verbietet sich in der Reiterstadt Aachen per se.

63 Bereits 1841 wurde der Aachener Hauptbahnhof eröffnet. Das denkmalgeschützte Empfangsgebäude wurde in seiner heutigen Form am 21. Dezember 1905 eingeweiht und besticht durch eine eindrucksvolle Eingangshalle im Jugendstil, die aufwendig restauriert wurde. Damals gab es nur eine einzige Strecke nach Köln. Heutzutage hat der Bahnhof internationale Bedeutung als Haltepunkt auf der Strecke nach Paris und nach Brüssel mit Weiterfahrt nach London.

64 Die Bronzerösser der von Bonifatius Stirnberg 1975 geschaffenen Skulptur weisen auf die Reiterstadt Aachen hin. Nicht stimmten dabei Künstler und Stadtverwaltung überein. Sie trafen sich sogar zu einem Rechtstreit, nachdem die Skulptur 2004 beim Umbau des Bahnhofsvorplatzes von ihrem ursprünglichen Standort entfernt und von der Stadt um 20 Meter versetzt wurde. Stirnberg war damit nicht einverstanden, musste sich aber vom Landgericht Köln sagen lassen, dass die Stadt frei über den Standort des Werkes bestimmen konnte.

65 Das bereits in der Voreifel liegende Kornelimünster im Tal der Inde hat einen attraktiven historischen Ortskern. Er gilt als malerischster Stadtteil von Aachen, wozu auch die steil aufregenden schroffen Felsen an beiden Seiten des Tals beitragen.

FÜR ALLE ZEIT

Gabriele war beliebt und begehrt, wurde umschwärmt und bewundert. Die Menschen sprachen mit Hochachtung von ihr. Die Frau genoss die gesellschaftliche Wertschätzung, und sie konnte mit positiven Schlagzeilen rechnen, was immer sie irgendwo auf der Welt auch tat. Sie war inzwischen unermesslich reich.

Bernhard hasste sie, abgrundtief, unerbittlich. Er würde sie immer hassen, für alle Zeit.

Für alle Zeit, das hatte einmal für sie gegolten. Das war vor einigen, wenigen Jahren gewesen, als sie sich beim Studium an der Hochschule für Tanz und Musik kennen lernten und schon wenige Wochen später ein Paar wurden.
Ursprünglich hatten sie unabhängig voneinander in Köln studieren wollen, doch dann stellten sie fest, dass sie auch am Standort Aachen an der Hochschule ihre Fächer optimal belegen konnten. Und der Standort der vierten Hochschule der Stadt – neben RWTH, Fachhochschule und der Katholischen Hochschule – im kulturellen Zentrum nah am Dom und gleich neben dem Theater am Theaterplatz kam ihnen sehr gelegen. Sie waren sich vor dem Studium noch nicht in Aachen

über den Weg gelaufen, hatten aber schon während der ersten Semesterwochen das Gefühl, immer schon eine Einheit gewesen zu sein.

Privat und auch musikalisch.

Bernhard, der mit dem Schwerpunkt Klavier und Komposition studierte, war auf einem Bauernhof im ländlichen Schmithof [66] aufgewachsen, in dem nichts an die Großstadt erinnerte, zu dem der Ort gehörte, wohl aber viel an den unsäglichen Zweiten Weltkrieg, der bauliche Spuren hinterlassen hatte. Gegen den Widerstand seines Vaters hatte er sich für die Musik entschieden. Der Vater nahm ihm den Entschluss übel, den Hof nicht zu übernehmen, und wollte nichts mehr von ihm wissen. Er überschrieb unverzüglich den landwirtschaftlichen Betrieb einschließlich aller Ländereien an den jüngeren Bruder, was Bernhard nicht kümmerte, er sah seine Zukunft in der Musik. Dazu gab es für ihn keine Alternative.

Gabriele, die den Schwerpunkt ihres Studiums auf den Gesang legte, war Spross einer künstlerisch interessierten Familie aus Kornelimünster, die dort ein Café im idyllischen Zentrum in der Nähe der ehemaligen Reichsabtei [67] betrieb und die das künstlerische Talent der Tochter gerne unterstützte.

Die beiden musizierten zunächst gemeinsam aus Freude an der Musik, wurden aber schnell zu einer kreativen Einheit. Ihre Qualitäten verschmolzen in gemeinsamen Werken, die sie komponierten, arrangierten und mit deutschen und englischen Texten besangen.

Ihr beider Ziel war klar, nachdem sie zunächst bei

gelegentlichen Auftritten im Musikbunker **68** oder im Franz **69** und danach bei einem Konzert im legendären Glaspalast auf dem Historischen Jahrmarkt in Kornelimünster **70** enthusiastisch umjubelt wurden und die Nachfrage nach weiteren Konzerten und Einspielungen immer häufiger an sie gerichtet wurde: Sie würden nach ihrem Studium eine Band gründen und ihre eigenen Lieder spielen.

Falls sie damit keinen Erfolg haben würden, könnten sie immer noch in ihre Berufe einsteigen. Doch an ein Scheitern glaubte niemand in ihrem Bekanntenkreis oder unter den Professoren der Hochschule.

Der Name der Band lautete wie der ihres Lieblingsliedes: Für alle Zeit.

Das Ende ihrer Beziehung kam jäh. Sie hatten am Abend in einer der Studentenkneipen an der Pontstraße **71** gut gelaunt im Kreise ihrer Kommilitonen den erfolgreichen Abschluss ihres Studiums gefeiert. Auf dem Weg zu ihren Zimmern im Studentenwohnheim wurden sie am Ponttor **72** von drei angetrunkenen Männern angepöbelt. Bernhard hatte seine Freundin vor den gierigen Griffen der Kerle schützen wollen.

Was genau geschehen war, daran konnte er sich nicht mehr erinnern, als er in einem Krankenzimmer aus seinem Koma aufwachte.

An jenem Abend des Überfalls hatte Bernhard sie das letzte Mal gesehen.

Noch während seines Krankenhausaufenthalts teilte

Gabriele ihm in einer knappen SMS mit, dass es Schluss sei mit ihnen.

Sie verschwand aus seinem Leben, das nach dem brutalen Angriff des Trios ein anderes wurde.

Die Ermittlungen der Polizei liefen ins Leere. Der Kommissar namens Böhnke, der ihm helfen wollte, musste bedauernd eingestehen, die Gewalttäter nicht finden und damit den Fall nicht lösen zu können.

Als Bernhard nach der Krankenzeit und einer Rehabilitation als geheilt entlassen wurde, war er für alle Zeit gekennzeichnet. Sein Gesicht war entstellt nach den vielen Knochenbrüchen und den zahlreichen Narben, auf dem linken Auge war er erblindet, an beiden Händen hatten ihm die Ärzte die Mittelfinger amputieren müssen.

Sein Leben als Pianist und Komponist war vorbei, bevor es richtig beginnen konnte.

Als er nach vielen Wochen in seine Studentenbude zurückkehrte, kam der nächste Schock. Alles, was irgendwie auf seine ersten, gemeinsam mit Gabriele geschaffenen Musikwerke hinweisen konnte, war verschwunden. Kein Notenblatt, kein Notizblock, keine CD, keine Festplatte fand er vor.

Einbrecher seien zu Gange gewesen, vermutete der Hausmeister bedauernd. Sie hätten wohl seine lange Abwesenheit ausgenutzt.

Wieder blieben die Ermittlungen der Polizei ergebnislos. Die Unbekannten hatten bei ihrem Beutezug keine Spuren hinterlassen.

Ob sie davon wusste?
Er konnte sie nicht fragen.
Gabriele war längst aus dem Heim ausgezogen und hatte die Kontakte zu den Kommilitonen, aber auch zu ihrer Familie, abgebrochen.

Sie feierte einen Riesenerfolg mit ihrer Premieren-CD. »Für alle Zeit« stand fast ein Jahr lang an der Spitze der deutschen Charts. Die englische Version »Not only one year« wurde ein Welterfolg, der sich nicht hinter »Wind of change« und »Life is life« zu verstecken brauchte.

Sie sonnte sich in ihrem Ruhm und verlor niemals ein Wort über ihn oder über seinen Anteil an diesen Liedern.

Er existierte nicht mehr in ihrer Welt, in der Welt des Glamours, mit Fans, die sie anhimmelten.

Das Lied war ihr Lied geworden, ohne ihn, ohne Hinweis auf sein Mitgestalten. Sein Name erschien nirgendwo auf der CD. Weder als Komponist, Arrangeur oder Texter, und auch nicht auf dem Anmeldebogen der Verwertungsgesellschaft wurde er genannt.

Bernhards Versuch, seine Rechte als Urheber einzuklagen, scheiterte kläglich. Es kam nicht einmal zu einer mündlichen Gerichtsverhandlung, nachdem Gabriele nach Ansicht des Richters glaubhaft im Schreiben ihres renommierten Anwalts versichert hatte, sie hätte diese Werke allein nach Abschluss ihres Studiums geschaffen, lange Zeit, nachdem sie Bernhard verlassen hatte.

Ohnehin habe es während des Studiums nur eine

flüchtige Bekanntschaft zwischen ihnen gegeben, so wie zu vielen Kommilitonen. Dabei hätte die Musik die geringste Rolle gespielt, von einer Liebesbeziehung ganz zu schweigen.

Sein Bemühen, über die Presse Druck auf sie auszuüben, schlug ebenfalls fehl. Die Journalisten, die er und sein Anwalt informierten, glaubten ihnen nicht, stellten sich sogar auf Gabrieles Seite. Mehr noch: Sie bezeichneten Bernhard als Trittbrettfahrer, der an ihrem Erfolg partizipieren wollte.

Mit diesem Vorstoß hatte er endgültig die Tür zugeschlagen, die ihm eventuell noch einmal Zutritt in die Riege der Komponisten hätte gewähren können. Er war unten durch, berufslos, ohne musikalische Perspektive, behindert und entstellt.

Sein Gesicht kaschierte er mit einem langen, tiefschwarzen Vollbart, der ihm ein dämonisches Aussehen gab. Die vierfingrigen Hände versteckte er in Handschuhen. Eine Brille mit getönten Gläsern täuschte über seine Einäugigkeit hinweg.

Schnell war Bernhard im Bodensatz der Hartz-IV-Gesellschaft angekommen. Ein Mann ohne Beschäftigung und ohne Zukunft, zwar mit einem Studienabschluss, aber ohne berufliche Erfahrung, ohne eine Hoffnung auf Besserung, ohne einen familiären Rückhalt. Für alle Zeit.

Der Erfolg blieb ihr treu. Im Laufe der nächsten Jahre veröffentlichte sie weitere ihrer gemeinsamen Werke. Jedes Mal stürmte sie weltweit die Charts.

Doch dann verkündete Gabriele für alle unerwartet ihren Rückzug. Sie heiratete den viele Jahre älteren Produzenten, der nicht nur ihr zum Welterfolg verholfen hatte, sondern viele Stars zu solchen gemacht hatte. Es gab wohl keine Sekunde, in der nicht irgendwo ein Musiktitel im Radio gespielt wurde, an dem er nicht mitgewirkt hatte. Die Zahl seiner Lizenzen und Rechte kannte niemand genau. Man wusste nur, dass er Millionen scheffelte, noch weitaus mehr, als sie jemals scheffeln würde.

Bernhards Leben war ein Kampf ums ständige Überleben. Mit Ein-Euro-Jobs und Gelegenheitstätigkeiten hielt er sich über Wasser, nachdem er festgestellt hatte, dass ihm sein unattraktives Äußeres bei der Bettelei keinen Mitleidsbonus verschaffte; im Gegenteil, man machte einen großen Bogen um den erbärmlich gekleideten, bulligen Mann mit dem zerzausten Vollbart, wenn er sich etwa am David-Hansemann-Denkmal am Hansemannplatz **73** oder am Klenkes-Denkmal am Holzgraben **74** niedergelassen hatte.

Selbst wenn er wollte, konnte er keine Festanstellung bekleiden. Als was denn? Wer nahm schon einen entstellten Ex-Studenten mit unvollständigen Händen? Seine Fertigkeiten bestanden allenfalls in einer Aushilfstätigkeit bei einem Taxiunternehmer, wenn in der Nachtschicht ein unvorhergesehener Ausfall behoben werden musste, bei der nächtlichen Tablettenauslieferung im Auftrag einer Apothekerin, die nach den Erzählungen des mit ihr befreundeten Kommissars Mitleid mit ihm hatte, oder beim gelegentlichen Nachtdienst in einer Tankstelle.

Ihr war das Mitleid der Gesellschaft gewiss, als ihr Mann bei einem Unfall starb. Bei einem Segeltörn vor Mallorca war der Musikproduzent über Bord gegangen. Die dreiköpfige Crew hatte ihn nicht retten können. Die routinemäßig in Gang gesetzten staatsanwaltschaftlichen Ermittlungen wurden sofort eingestellt, als Gabriele und die drei Männer unabhängig voneinander das Geschehen an Bord übereinstimmend schilderten. Der Produzent war nach dem Aufprall einer Welle seitlich gegen den Rumpf ins Stolpern geraten und über die Reling ins Wasser gefallen. Schnell wurde er abgetrieben, tatenlos musste die Bordbesatzung zusehen, wie er trotz Schwimmweste ertrank.

Seine Witwe wusste gar nicht, wie hoch ihr geerbtes Vermögen war.

Wenige Monate später spielte sie eine neue CD ein mit Liedern, die ihr Mann für sie geschrieben hatte, wie sie sagte. Die Lieder gaben ihr Trost, diktierte sie der hörigen Journaille in die Notizblöcke, als sie die erste Platin-CD für ihr Comeback-Album entgegennahm.

Bernhard wusste es besser. Die aktuell veröffentlichten Lieder waren die letzten von ihm fertiggestellten Stücke, die sie bislang zurückgehalten hatte.

Wieder hatte Gabriele umjubelte Auftritte in den größten Hallen und Stadien überall auf der Welt, über die

die Journalisten begeistert berichteten und von denen die Fans glückselig heimkehrten.

Ein weiterer Schicksalsschlag in ihrem Leben verhalf ihr zu noch mehr Sympathie bei den Menschen. Ihre langjährigen Begleiter und Bodyguards waren bei einem Verkehrsunfall ums Leben gekommen. Auf einer Gebirgsstraße war ein Reifen geplatzt und die Bremsen des Wagens hatten versagt. Beim Aufprall gegen einen Baum funktionierten auch die Airbags des Kleinwagens nicht. Anschließend war das Fahrzeug noch einen Abhang hinabgestürzt.

Sie sei erschüttert, gab Gabriele den Medien zu Protokoll.

Auch Bernhard war erschüttert nach dem Bericht über den Unfall. Das Foto der drei Verunglückten weckte bitterböse Erinnerungen. Er erkannte das Trio wieder, das ihn nach ihrer Abschlussfeier am Ponttor angepöbelt hatte.

Er schrieb seine Geschichte in Form eines Romans auf. Das Schreiben sei eine Art der Verarbeitung des Geschehens, hatte er gelesen, es sei eine Möglichkeit zur Bewältigung des Schicksals. Doch traf das für ihn nicht zu. Ihm ging es zunehmend schlechter, je tiefer er in seine Vergangenheit eintauchte.

Sein Versuch, den Text bei einem Verlag unterzubringen, scheiterte. Seine Geschichte sei unglaubwürdig, hieß es fast wortwörtlich in allen Absagen der Lektorate. Außerdem hielt man ihm wieder vor, als

Trittbrettfahrer wie schon bei seiner angeblichen Kompositionstätigkeit zu handeln.

Er hatte seine Geschichte auch der Apothekerin und Böhnke gegeben, der nach der Lektüre zumindest nachdenklich wirkte.

Bernhard war am Ende. Auch seine momentane Aushilfstätigkeit als Taxifahrer musste er drangeben. Nachdem der Unternehmer von seiner Einäugigkeit erfahren hatte, kündigte er ihm mit Ablauf dieser letzten Nachtschicht.

Wieder stand er vor dem Nichts. Ohne Geld, ohne Job, ein widerwillig von der Gesellschaft notdürftig am Leben gehaltenes, überflüssiges Objekt.

Es würde seine letzte Tour sein. Er stand an zweiter Stelle in einer Reihe von Taxen vor dem Aquis Grana City-Hotel am Büchel und blickte auf den Bahkauv-Brunnen 75. Zwei Araber stiegen in den Wagen vor ihm. Wieder Pech für ihn. Ihr wahrscheinlich großzügiges Trinkgeld hätte ihm einige Tage weitergeholfen. Nur am Rande bekam er mit, dass sich jemand auf den Rücksitz seines Wagens setzte.

»Zum Flughafen nach Köln«, herrschte ihn eine Frauenstimme an. »Aber heute noch!«

Sein zorniger Blick in den Rückspiegel war verbunden mit der Überlegung, die dumme Kuh hinauszuwerfen. Doch dann stockte ihm der Atem.

Sie war eingestiegen.

»Was glotzen Sie so?«, fauchte Gabriele ihn an.

»Wissen Sie nicht, wie Sie fahren müssen? Oder haben Sie noch nie eine Frau gesehen?«

Schweigend startete er den Wagen und fuhr los.

Leise stimmte Bernhard eine Melodie an.

Er merkte, wie er ihre Aufmerksamkeit erregte.

Sie schien in ihrer Erinnerung zu kramen. Und sie würde fündig werden, da war er sich sicher.

Diese Melodie war die einzige, die sie noch nicht veröffentlicht hatte. Es war ihre letzte gemeinsame Komposition gewesen.

»Es fehlt noch der Text«, sagte er mit ruhiger Stimme, während sie durch das im Umbau befindliche Aachener Autobahnkreuz fuhren.

»Du?«, fragte sie mit einem ungläubigen Blick.

Er schwieg, während er auf sein Gesicht ein zufriedenes Lächeln zauberte.

Sie schrie auf, als er das Taxi beschleunigte und es auf der Brückenbaustelle gegen die provisorische Absperrung lenkte.

Ihr Schrei hallte nach, als sie in die Tiefe stürzten.

Sie waren wieder zusammen; für alle Zeit.

FREIZEITTIPP

66 Gelegen zwischen Walheim und Sief ist Schmithof der südlichste Ortsteil von Aachen im Vennvorland. Rund um Schmidthof sind die Überreste mehrerer Bunker des Westwalls, die zum Kriegsende gesprengt wurden, ebenso zu betrachten wie ein längeres Stück der Höckerlinie, die im Zweiten Weltkrieg als Panzersperre dienten.

67 Die ehemalige Reichsabtei ist ein barocker, denkmalgeschützter Gebäudekomplex, der nach dem Zweiten Weltkrieg in das Eigentum des Landes Nordrhein-Westfalen überging. Seit 1976 ist dort die Einrichtung *Kunst aus Nordrhein-Westfalen – Förderankäufe* zu Hause. Die ständige Sammlung umfasst eine Auswahl der Kunstwerke, die seit dem Bestehen des Landes NRW für die Kulturförderung erworben wurden.

68 1942 als Luftschutzbunker an der Goffartstraße gebaut, wurde das 76 Meter lange und bis zu 36 Meter breite Gebäude aus Beton 1987 zum Musikbunker umgebaut. Der *Verein Musikbunker* hat sich der Förderung der Musikinitiativen verschrieben. Die Zukunft des Musikbunkers hängt wegen des Lärmschutzes und wegen der Eigentumsverhältnisse immer wieder am seidenen Faden.

69 Direkt am Marschiertor ist das Franz an der Franzstraße ein Ort der guten Unterhaltung. Hier präsentiert sich Kultur von ihrer schönsten Seite auf einer Bühne für Kleinkunst und große Auftritte, für Comedy und Kabarett, für Tanz, Gesang und Musik.

70 Im historischen Ortskern von Kornelimünster gibt es jedes Jahr ab Mittwoch vor Fronleichnam fünf Tage lang den *Großen Historischen Jahrmarkt* mit Karussells und Schaubuden aus der Kaiserzeit. Eine Besonderheit sind die vielen Gaukler, Künstler, Artisten, fliegende Händler und Straßenmusikanten, die sich in den Gassen tummeln. Der ganze Ort wird zu einem lebhaften, riesigen Freilichtmuseum, dessen Jahrmarktatmosphäre der Vergangenheit zigtausende Besucher in den Bann zieht.

71 Die Pontstraße ist das Zentrum des Pontviertels. Das Viertel ist das *Quartier Latin* von Aachen. Hier ist abends nicht nur ein Treffpunkt für Studenten. In den Restaurants und Kneipen an der Pontstraße zwischen Markt und Ponttor gibt es für jeden Geschmack das Passende.

72 Das Ponttor blieb neben dem Marschierttor von den ehemals elf Stadttoren erhalten. Es wurde 1320 aus Kalksandstein und Grauwackerquadern gebaut und war Bestandteil einer dreistöckigen Torburg. Ein Großteil der mittelalterlichen Stadtbefestigung wurde während der französischen Besetzung (1794 bis 1814) zerstört.

73 David Hansemann wurde als Wollhändler vermögend und gründete 1825 in Aachen als Vorläufer der *AachenMünchener Versicherungs-AG* die *Aachener Feuer-Versicherungs-Gesellschaft* und den Aachener *Verein zur Beförderung der Arbeitsamkeit*. Der von ihm geprägte Satz »In Geldsachen hört die Gemütlichkeit auf«, gesagt im Preußischen Landtag am 8. Juni 1847, ist zu einem deutschen Sprichwort geworden.

74 Am Klenkes erkennen sich die Aachener. Der Klenkes, für den es seit 1970 sogar ein eigenes, vom Bildhauer Hubert Löneke geschaffenes Denkmal gibt, ist der emporgereckte kleine Finger der rechten Hand. Seinen Ursprung hat der Klenkes in der Arbeit in den Aachener Nadelfabriken. Die Arbeiter, meist Kinder, benutzten zum Aussortieren der Nadeln ihren rechten kleinen Finger. Diese Tätigkeit, das »Ausklinken« der fehlerhaften Nadeln am Band, führte zu Fehlstellungen und Wuchsfehlern des kleinen Fingers. Am missgebildeten kleinen Finger waren die Aachener überall und immer zu erkennen. Den Ruf als Zentrum der Nadelproduktion hat Aachen zwar längst verloren, der Klenkens als Erkennungsmerkmal und Wahrzeichen ist erhalten geblieben.

75 Am Büchel steht einer der vielen Brunnen von Aachen, der Bahkauv-Brunnen. Der Bahkauv ist eine der Sagengestalten aus Aachen. Er soll angeblich im Abwasserkanal der Thermalquellen am Büchel hausen. Aber gesehen hat noch niemand das Wesen, das einem Kalb mit scharfen Zähnen und schuppigem Fell ähneln soll.

SCHREIBBLOCKADE

1.

Er hasste diesen Zustand der inneren Leere, der Fantasielosigkeit, des unergiebigen Stierens auf das unbeschriebene Blatt vor sich auf dem Tisch.

»Du hast ne Schreibblockade«, meinte sein Kollege in scheinheiligem Mitleid, den er bei der Vorstellung dessen neuen Krimis in der Buchhandlung Schmetz am Dom besucht hatte. »Das gibt sich wieder.«

Von wegen. Er fühlte sich ausgebrannt, fast schon auf dem Abstellgleis oder zumindest ein Auslaufmodell, wenn er die letzten Bemerkungen aus seinem Verlag richtig interpretierte. Er müsse mal wieder einen Knaller liefern, hatte ihm der neu zugeteilte Lektor gesagt.

»Von Ihnen ist seit über einem Jahr nichts mehr gekommen, und Ihre letzten beiden Krimis waren nicht gerade besondere Verkaufsschlager.«

Eine schonungslose Erkenntnis, die ihm auch bei einem Besuch der Mayerschen Buchhandlung an der Buchkremerstraße offen und ehrlich ins Gesicht gesagt worden war. Bei »Backhaus« an der Jakobstraße und bei »Jacobi's« am Büchel wurde er noch nicht einmal im Sortiment geführt, wie er bei einem vorgetäuschten Einkaufsbummel erkennen musste.

Da spielte es offenbar keine Rolle, dass er in den vergangenen 25 Jahren ein gutes Dutzend Romane mit hohen Auflagenzahlen veröffentlicht hatte. Autoren stünden zuhauf vor der Verlagstür, hatte ihm der junge Spund unverblümt gemailt. Es werde Zeit für einen neuen, außergewöhnlichen Roman, sonst wäre es wohl besser, die schriftstellerische Karriere zu beenden.

»Noch einen Flop können Sie sich nicht erlauben.«

Aber was sollte er schreiben?

Er hatte keine Idee, keinen Ansatz, nichts.

Nichts außer dem Leben.

Er hatte gut damit verdient, dass er in seiner Gedankenwelt Leben beendete; durch Verbrechen, durch Mord, manchmal auch durch Unfall oder durch Zufall.

In der Realität las er in den Zeitungen immer wieder von Mord und Totschlag, auch direkt vor seiner Haustür im deutsch-belgisch-niederländischen Dreiländereck zwischen Aachen, Maastricht und Lüttich.

Aber was hatte er davon für seine Romane?

Nichts, antwortete er sich. Die Verbrechen waren einfach aufzuklären gewesen, meistens Beziehungstaten oder Streitereien ums fehlende Geld. Da bot sich kein Stoff für einen spektakulären Krimi an.

Er traf einen Entschluss: Er würde seiner Fantasie durch die Realität neuen Schwung verleihen, indem er die Realität bestimmte.

2.

Warum tat er sich das bloß immer noch an? Warum schaltete er das verfluchte Mobiltelefon nachts nicht aus? Da durfte er sich nicht wundern, wenn seine Tiefschlafphase von dem »So far away« unterbrochen wurde.

Die ersten Worte des Anrufers machten ihn hellwach: »Hallo, Knopfloch, du alter Penner! Leichenfund am Aussichtspunkt am Dreiländereck 76 . Volles Programm mit Kripo, Spürhunden und so weiter. Wollte ich dir nicht vorenthalten. Sonst heulst du am Morgen wieder, weil ich dich nicht informiert habe.«

Er wusste nicht, worüber er sich mehr ärgern sollte: über das »Knopfloch«, das in Anlehnung an Mark Knopfler von den Dire Straits sein Spitzname geworden war, über den nächtlichen Informanten, der ihm den Schlaf geraubt hatte, oder über sich selbst und seine Entscheidung, aufzustehen und in den Busch zu fahren.

Hatte er das nötig in seinem Alter, auf der Zielgeraden in Richtung Rente?

Aber es war halt sein Job, als Korrespondent einer deutschen und einer niederländischen Presseagentur für das deutsch-niederländisch-belgische Grenzgebiet über das zu berichten, was sich allerseits der inzwischen imaginären Schlagbäume in der Region ereignete. Und zu diesen Ereignissen gehörte zweifelsohne ein Leichenfund am Dreiländereck, dachte er sich, als er sich in seine Rostlaube schwang und mit dem Anlassen zugleich die Dire Straits-CD aktivierte. Warum sonst würden mitten in der Nacht die Jungs von der Kripo dort herumturnen, wenn es nichts Außergewöhnliches gewesen wäre?

Kurz nach fünf erreichte der Journalist sein Ziel am Vaalserberg **77**. Auf Geheiß von niederländischen Polizisten musste er seinen Wagen auf dem Parkplatz abstellen und zu Fuß weiterlaufen. Auf eine nächtliche Wanderung von Vaalserquartier aus über den Dreiländerweg auf den Hügel hatte er von vornherein verzichtet. Da fuhr er lieber die paar Kilometer über die Grenze nach Vaals.

Die hell erleuchtete Fläche erleichterte ihm die Orientierung im Wald.

»Kustermann, auch schon da?«, flachste ein junger Mann mit Handkamera. »In deinem Alter dauert es halt ein wenig länger, bis man alle Prothesen angeschnallt hat.«

»Leck mich!«, schnaubte der Alte mit einem Abwinken. Er schaute sich suchend um.

»Wenn du deinen Freund Kalle suchst, der hat es sich hinten am Aussichtsturm bequem gemacht«, bemerkte der Kameramann. »Aber der wird dir auch nicht mehr verraten als uns. Und vor dem Böhnke brauchst du keine Angst zu haben, der hat noch ein paar Tage Urlaub.«

Kustermann tat, als überhöre er die letzte Bemerkung. Aber insgeheim war er froh, dass der Leiter der Abteilung für Tötungsdelikte im Polizeipräsidium Aachen abwesend war. Der konnte einem mit seiner bärbeißigen und zugleich durchtriebenen Art gehörig auf den Senkel gehen.

Interessiert betrachtete er die untätigen Polizeibeamten in einem abgesperrten Bereich rund um den Aussichtsturm. Das Fehlen eines Leichenwagens interpretierte er richtig.

»Der ist schon wieder abgefahren«, bestätigte ihm der Pressesprecher der Polizeibehörde Aachen, den Kustermann tatsächlich auf den Stufen zum Eingang des Turms gefunden hatte.

Kalle Adelmann wirkte nicht gerade wie das blühende Leben, eher wie ein alter, kraftloser Mann, dem eine Mütze Schlaf fehlte.

»Meinst du etwa, du siehst besser aus, Franz?«, bemerkte er, während er aus einer Thermoskanne eine Tasse Kaffee einschenkte und ihm reichte. »Viel kann ich dir nicht sagen.«

»Aber mehr als den Pressefuzzis da hinten«, knurrte Kustermann. »Hoffe ich jedenfalls.«

Adelmann lächelte. »Also, die Sache ist schnell erzählt. Gestern hat ein Spaziergänger gegen 22 Uhr die Polizei alarmiert. Sein Hund hatte die Leiche gefunden.« Er deutete mit der Rechten zur Seite. »Sie lag im Gebüsch hinter den drei Grenzsteinen **78**. Es handelt sich um eine junge Frau, die wahrscheinlich erst vor Kurzem verstorben ist. Wir wissen nur, dass sie klein und leicht ist. Mehr nicht.«

»Mord, Selbstmord oder natürlicher Tod?«

»Keine Ahnung. Todesursache unbekannt. Auszuschließen ist jedenfalls eine Gewaltanwendung. Die Frau scheint unversehrt zu sein. Wir klappern zwar die Gegend ab, aber wir finden nichts, weder Autospuren, noch irgendwelche Schuhabdrücke oder sonst etwas.«

»Und dafür reißt ihr mich aus meinem Traum vom Dire Straits-Konzert. Finde ich nicht gut.« Der Journalist wollte sich von den unbequemen und kalten Steinstufen erheben, als er bemerkte, was noch fehlte. »Warum bist du eigentlich hier, quasi in Feindesland?«

»Blödmann. Die Leiche wurde auf deutschem Staatsgebiet gefunden und fällt damit in unseren Zuständigkeitsbereich.«

»Aber das Wichtigste enthältst du mir vor, Kalle.«
»Was?«
»Name, Herkunft und so weiter.«

»Das ist es ja. Die junge Frau hat keine Papiere bei sich. Auch haben wir keine besonderen Merkmale gefunden. Ich kann dir also nicht sagen, ob sie von hier ist oder woanders herkommt.«

»Vielleicht stammt sie ja auch aus dem Käseland.« Kustermann zeigte mit seiner Hand gen Westen. »Sind ja nur ein paar Schritte.«

»Kann durchaus sein, mein Freund. Aber wir wissen nichts.«

3.

Sie wussten in der Tat nichts. Er frohlockte, nachdem er die Nachrichten der Sendeanstalten gehört und die Berichte in den Tageszeitungen gelesen hatte. Alle Medien sprachen von der unbekannten Toten vom

Dreiländereck, von der niemand wusste, wer sie war, woher sie kam und warum sie dort lag.

Er hätte Antworten auf alle Fragen geben können. Aber das hätte seinen Plan zerstört, seinen Roman. Zufrieden griff er zu seinem Block und begann zu schreiben, wie es gewesen war.

Er hatte sich in einem Straßencafé in der Nähe der Hotmannspiif an der Sandkaulstraße 79 einen sonnigen Platz gesucht, seinen Block hervorgeholt und begonnen, Notizen zu machen, Skizzen zu konzipieren, Sätze zu entwerfen.

Er wusste, was nach kurzer Zeit passieren würde: Irgendeine Frau würde ihn ansprechen. Er wirkte seriös und offensichtlich interessant. Spätestens, wenn er davon sprach, dass er Schriftsteller sei, hatte er gewonnen.

»Das ist ja interessant«, würde die Frau sagen und er würde sie bitten, sich zu ihm zu setzen.

Er suchte sich seine Gesprächspartnerinnen gezielt aus. Wenn ihm eine nicht gefiel, dann fauchte er sie barsch an, er wolle nicht gestört werden. Wenn er sie attraktiv fand, startete er seine Charmeoffensive.

Er hatte seine Neigungen. Je älter er wurde, umso jünger wurden die Frauen. Klein sollten sie sein, gewissermaßen handlich. Am liebsten waren ihm Studentinnen, die Sprachen, Literatur oder Kunst studierten, oder sozial angehauchte Muttertypen.

So hatte er auch vor wenigen Tagen die junge Frau gefunden, quasi eine Zufallsbekanntschaft, die nicht wissen konnte, dass sie die Begegnung nicht überleben würde. Sie bummelten durch die Straßen, er imponierte ihr dabei mit seinem Wissen über die Mariensäule [80] am Münsterplatz, und sie machten einen Abstecher zum Fischmarkt, wo er sie am Spitzgässchen in der Nähe des Fischpüddelchen [81] zu einem Essen einlud. Von dort nahm er sie mit nach Hause.

Nur auf ein Glas Wein und ein gutes Gespräch in angenehmer Atmosphäre, wie er ihr versprach. Er hielt sich daran.

Sie erzählte viel, von sich, ihrem Studium, ihren Eltern, ihrem Bestreben, selbst einmal Romane zu verfassen. Das Schlafmittel in ihrem Weinglas schmeckte sie nicht. Müde sackte sie in den Sessel zurück und schlief ein.

Er stülpte ihr eine Plastiktüte über das Gesicht und überließ sie ihrem Schicksal. Teilnahmslos beobachtete er, wie sie erstickte.

Er nahm ihr alle Papiere und Gegenstände ab, die auf ihre Herkunft schließen lassen konnten. Ausweis, Führerschein, Kreditkarten, Studentenbescheinigung und einige Bilder befanden sich in ihrer kleinen Handtasche.

In seinem Wagen fuhr er die Leiche auf den Parkplatz am Dreiländereck, schulterte sie und trug sie zum Grenzstein, wo er sie sanft zu Boden gleiten ließ. Irgendjemand würde Mareike Smeets finden, vielleicht bald, vielleicht in ein paar Tagen.

Er hatte einen Mord begangen, den niemand aufklären würde, weil er keinen Fehler gemacht hatte.

4.

Je nach Stimmungslage wechselte sein Musikgeschmack. Ging es ihm gut, konnte es ruhig etwas rockiger werden. »Sultans of Swing« etwa oder »Money for nothing«. Aber jetzt war ihm eher nach Melancholie, nach »Brothers in Arms« und »Why Worry«.

Die Agenturen erwarteten spektakuläre Berichte von ihm über die Tote vom Dreiländereck, die er nicht liefern konnte. Es gab nichts zu berichten außer der Tatsache, dass es eine tote Unbekannte gab, die keinerlei Hinweise bei sich trug, durch die sie zu identifizieren war.

»Knopfloch, die stochern im Nebel«, behauptete sein forscher Informant, den er telefonisch um Hilfe gebeten hatte. »Die wissen nix.« Mit diesem Ergebnis gab sich Kustermann nicht zufrieden. Er zapfte eine weitere Informationsquelle an und wählte die Nummer Adelmanns. Vor ein paar Jahren war es für ihn noch leichter gewesen, an Informationen zu kommen. Damals war er mit einer Kommissarin aus dem Polizeipräsidium liiert gewesen. Aber sie hatte ihm zunächst den Laufpass gegeben und sich danach versetzen lassen. So blieb ihm jetzt in Polizeikreisen nur noch Adelmann.

»Wir wissen viel«, widersprach der Pressesprecher der Behauptung des Informanten. »Aber wir können damit noch nicht an die Öffentlichkeit gehen.«

»Was darf ich nicht schreiben?«, stöhnte Kustermann. »Sag es mir, Kalle. Bitte.«

»Wir wissen, dass es sich um eine Studentin handelt, die aus Kerkrade kommt. Ihre Eltern haben sie als vermisst gemeldet und sie nach einem Foto identifiziert. Mareike Smeets, 25 Jahre alt, ist mehrere Tage nicht nach Hause gekommen. Sie wurde auch nach einem Einkaufsbummel in Aachen nirgendwo mehr gesehen.«

»Und wie ist sie gestorben?«

»Wir haben Alkohol und Schlafmittel in ihrem Blut gefunden.«

»Aus Liebeskummer freiwillig in den Tod?« Kustermann war auf die Antwort gespannt.

»Hätten wir fast gedacht. Aber dann haben die Meister des Skalpells herausgefunden, dass sie erstickt ist. Und, was das Wichtigste ist, wir haben Plastikpartikel in ihrem Gesicht entdeckt.«

»Aha.« Kustermann folgerte laut: »Betäuben, ersticken, entsorgen.«

»Richtig. Und wir haben jetzt einen grenzüberschreitenden Mord am Bein. Tote aus Holland, die auf deutschem Staatsgebiet gefunden wurde.«

»Und der Täter kommt bestimmt aus Belgien«, murmelte Kustermann. »Beziehungstat oder so etwas.«

»Wir haben keinen Ansatz für ein Motiv.« Adelmann hüstelte ins Telefon. »Du bleibst bitte ruhig. Je länger wir ohne aufgescheuchte Öffentlichkeit ermitteln können, umso besser. Der Täter soll ruhig glauben, wir seien ahnungslos. Und außerdem: Der Böhnke macht mir die Hölle heiß, wenn der nach seinem Urlaub mitbekommt, dass ich dir Infos gegeben habe.«

»Darf ich das mit dem Motiv schreiben?«

»Nein. Du kannst schreiben, die Ermittlungen sind in vollem Gange und laufen in alle Richtungen.« Er räusperte sich. »Wir werden übrigens ein Passfoto der Toten in den Medien veröffentlichen, verbunden mit der Aufforderung, uns etwas zu dieser Unbekannten und ihrem Verbleib zu sagen. Vielleicht erhalten wir ja noch Hinweise.«

5.

Die Polizei verhielt sich tatsächlich so, wie er es in seinen Romanen immer wieder beschrieben hatte. Zum einen gab es das immer gleiche Vorgehen: die Suche nach einem Motiv und die Ermittlung im privaten Umfeld. Zum anderen herrschte die Devise: Nicht zu viel verraten.

Täterwissen war das Schlagwort.

Aber im Prinzip war es Tatsache: Die Bullen hatten nichts an der Hand. Sie wussten den Namen der Toten, die Todesursache. Wenn sie diese ermittelnden Aufgaben nicht gemacht hätten, hätten sie den Beruf verfehlt. Das waren keine Ermittlungserfolge, das war Alltagsarbeit. Doch damit kämen sie ihm nicht auf die Schliche.

Der Blick in die Medien hatte ihn bestätigt.

Zufrieden setzte er sich an seinen Schreibtisch und füllte seinen Block mit neuen Sätzen. Er konstruierte die Polizeiarbeit, ließ in seiner Fantasie Menschen zu Wort kommen, die aufgrund des veröffentlichten Fotos unterschiedliche Angaben machen. In seinem Roman machte er die Tote zur Drogenkurierin, zur Edelnutte, zum Zufallsopfer, zur Außenseiterin, zum Sektenmitglied; dadurch wurde der Kreis der Verdächtigen immer größer.

Aber es war ja nur seine Fantasie.

Er wusste, die Realität war ganz anders, sie war von ihm geschaffen worden.

Die Idee kam ihm während des Schreibens. Ein zweites Opfer musste her! Noch mehr Verdächtige, noch mehr mögliche Spuren, noch mehr Gedankenspiele, noch mehr Verwirrung.

So soll es sein, sagte er sich, als er spätabends den Block zuklappte.

6.

Nicht schon wieder! Das »So far away« kurz vor Sonnenaufgang verhieß nichts Gutes.

»Knopfloch, schwing die Hufe! Es gibt wieder ne Leiche. Wieder ne Frau, dieses Mal ein Gewässer. An der Dreilägerbachtalsperre 82 . Die Jungs da lassen jetzt alle Fischdiebe und Wilderer laufen und klappern dort die Gegend ab. Das ist doch genau das Richtige für dich.«

Kustermann zauderte. Sollte er da hinfahren?

Zu den Polizisten aus der Städteregion hatte er nicht

dieselben guten Beziehungen wie zu dem Pressesprecher der Aachener Polizei.

Ein zweites Melden von »So far away« beendete seine Überlegung und nahm ihm die Entscheidung ab.

»Ich bin unterwegs nach Roetgen. Wenn du willst, kannst du zusteigen«, bot ihm Adelmann an.

Vom Parkplatz an der Jägerhausstraße nahe der Staumauer suchten sie den Weg zum Fundort.

»Ich glaube, wir müssen ins Wasserschutzgebiet«, hatte Adelmann gemeint. Bald schon befanden sie sich auf einem schnurgeraden Waldweg.

»Viel zu sehen gibt es nicht«, kommentierte Kustermann wenig begeistert ihren Fußmarsch durch die Nacht.

»Wenn du hier mal falsch abbiegst, bist du schnell in der Wildnis«, meinte der Polizist und deutete nach vorn. »Da hinten sind die Strahler.«

Kustermanns Informant hatte im Prinzip die richtigen Angaben gemacht. Die Szenerie ähnelte dem ersten Leichenfund. Wieder war eine tote, zunächst nicht identifizierbare junge Frau von einem Spaziergänger in Ufernähe gefunden worden, wobei sich der Journalist beiläufig die Frage stellte, was hier in diesem gesperrten Gebiet ein Spaziergänger zu suchen hatte.

Adelmanns Kollege bestätigte die Angaben. Er schien den Pressesprecher gut zu kennen, sie taten jedenfalls sehr vertraut, wie Kustermann beobachtete.

»Wollen wir wetten, dass es derselbe Täter war?«

Darauf würde er nicht wetten, aber auch nicht dagegen, antwortete ihm Kalle. Er sah erhebliche

Schwierigkeiten auf sich zukommen. Mordkommission und Staatsanwaltschaft Aachen auf deutscher Seite, und wenn dieser aktuelle Mord mit dem ersten zusammenhing, kamen auch noch die niederländischen Ermittlungsbehörden ins Spiel.

»Vor lauter Zuständigkeitsdiskussionen habt ihr dann gar keine Zeit mehr, euch mit der eigentlichen Tat zu beschäftigen«, lästerte Kustermann. »Zu eurem Glück fehlt jetzt nur noch, dass die Frau aus Belgien stammt.«

Ob er Hellseher sei, fragte Adelmann den Journalisten wenige Stunden später. »Die Frau stammt tatsächlich aus dem Gebiet der Deutschsprachigen Gemeinschaft Belgiens. Ein Kollege von mir, der in Kelmis wohnt, kennt sie flüchtig aus der Nachbarschaft. Sie arbeitet als Pflegerin in einem Altenheim in Eupen, ist aber seit einer Woche nicht mehr zum Dienst erschienen. So hat es die Gendarmerie herausgefunden.«

»Daraus folgt, dass sie wohl vor einer Woche gestorben ist«, behauptete Kustermann kühn.

»Wird wohl so sein.« Der Pressesprecher machte sich keine Mühe, zu widersprechen oder abzuwägen. »Wahrscheinlich hat der Täter auch dieselbe Methode angewendet.«

»Betäuben, ersticken, entsorgen«, fiel ihm Kustermann schnell ins Wort.

»Man könnte fast meinen, du bist der Mörder«, meinte Adelmann. »Du kennst die Methode und du bist als ehemaliger Zehnkämpfer körperlich in der Lage, die Leichen durch den Wald zu tragen.«

»Blödmann!«, keifte Kustermann zornig. »Wenn du so weitermachst, werde ich noch zum Mörder. Zu deinem Mörder.«

»Ist ja gut.« Adelmann lachte versöhnlich. »Du bist ein Guter, mein Freund.«

7.

Das heftige Rauschen im internationalen Blätterwald des Grenzgebiets, verbunden mit den ins Diffuse hinausschießenden Spekulationen über den Mörder und seine Motive, stellten ihn zufrieden. Das Verhalten der Ermittler und die Informationen in den Medien hatte er vorausgesehen und bestätigten ihn nur noch mehr: Niemand wusste, wer er war und warum er tötete.

Der zweite Mord war ihm schwerer gefallen als der erste. Wahrscheinlich lag es an der Erfahrung, wie eine Schlafende in den Tod schlummert.

Die junge Frau hatte ihn am Haus Löwenstein 83 angesprochen, als er schreibend in einem Straßencafé saß. Sie entsprach seinem Anforderungsprofil – jung und klein –, schließlich wollte er nicht kraftlos zusammenbrechen, wenn er sie zum Wasser trug.

Es kam ihm vor, als befinde er sich in einer Wiederholung: Sie plauderten angenehm miteinander, die junge Frau nahm gerne seine Einladung zu einem Bummel über den Öcher Bend 84 an und begleitete ihn bereitwillig zu seiner Wohnung. Dort trank sie ahnungslos während des belanglosen Gesprächs den versetzten Wein und starb vor seinen Augen den Erstickungstod.

Niemand hatte ihn beobachtet, wie er in die Eifel fuhr, mit Mühe den Abzweig von der Hauptstraße zur Jägerhausstraße fand und auf dem Parkplatz neben der Talsperre anhielt. Geschultert trug er den leichten Leichnam über die Waldwege zum Wasser. Er ging davon aus, dass man die Frau irgendwann finden würde.

Aber das störte ihn nicht. Er hatte seinen Teil der Realität geschaffen. Jetzt hatten die anderen ihre Arbeit zu tun.

Zufrieden fuhr er in seine Wohnung zurück. Am Schreibtisch setzte er seinen Roman fort.

Tag für Tag verfolgte er die Nachrichten über den Mord. Sie lieferten ihm neue Anregungen. Vielleicht sollte er in seinem Text den Täter wie das zweite Mordopfer in Belgien ansiedeln. Das würde im Dreiländereck für mehr Konfusion sorgen und ihm gleichzeitig noch mehr Stoff liefern.

8.

»Knopfloch, jetzt musst du mir helfen.« Der verzweifelte Informant unterbrach seine Arbeit am Abschlussbericht über die beiden Todesfälle. »Du weißt doch bestimmt mehr als ich. Du sitzt doch quasi dem Pressesprecher auf dem Schoß. Es muss doch mehr geben als zwei tote Frauen.«

Kustermann dachte nicht daran, mehr preiszugeben, als die Polizei bekanntgegeben hatte und die Öffentlichkeit schon wusste. »Man ist weiter auf der Suche nach dem Mörder«, gab er vage von sich, »und man ist sicher, ihn bald zu schnappen.«

»Du vermaledeiter Schnarchsack!«, fauchte ihn der Anrufer an. »Das habe ich alles schon von den Bullen gehört.«

»Und mehr gibt es nicht«, unterbrach ihn Kustermann schroff.

Er wusste mehr. Aber er hielt sich an das Versprechen, das er Kalle gegeben hatte.

Die Polizei stocherte im Nebel nach der Nadel im Heuhaufen. Die Faktenlage war dürftig: Es gab keine Beziehung zwischen den beiden Opfern, es gab keine Hinweise, die auf ein bestimmtes Täterprofil hinwiesen, oder gar DNA-Spuren des Mörders. Zudem herrschten die befürchteten, grenzüberschreitenden Kommunikationsprobleme und das Zuständigkeitsgerangel der ermittelnden Behörden.

»Wenn du mich fragst, ob wir den Typ schnappen, muss ich dir ganz ehrlich sagen: nein«, hatte der Pressesprecher gemeint. »Ich will nur hoffen, dass er nicht einen weiteren Mord begeht.«

»Je mehr Morde, desto mehr Spuren«, entgegnete Kustermann lakonisch. »Das ist doch eure Chance, mein Freund.«

9.

Es war Zeit aufzuhören. Der Roman war geschrieben, er war ihm geradezu aus der Feder geflossen. Er brauchte keinen weiteren Mord und er konnte sicher sein, dass ihm niemand auf die Schliche kam. Im nächsten Schritt würde er sein Werk, die Realität, weiter verfälschen, die Handlung in eine andere Region verlagern, dorthin, wo alle seine Krimis spielten.

Der Roman würde ein Erfolg werden, das spürte er. Vielleicht würde er das Ende ändern und der Polizei durch eine Unachtsamkeit des Mörders einen Ermittlungserfolg gönnen.

Doch das würde er ganz seiner Fantasie überlassen.

Die Realität war anders, das wusste nur er.

Und er würde weiter in der Realität leben.

Andererseits: Es gab ihm einen besonderen Kick, einen Mord zu begehen, in dem Wissen, zu schlau für die Polizei zu sein. Ein erfolgreicher Krimiautor, der zugleich ein nicht zu überführender Serienmörder war.

Wie wär's damit?

Die zierliche Frau, die ihn freudestrahlend anlächelte, während er nachdenklich an seinem Kugelschreiber kaute, bot sich als Opfer an. Schließlich waren aller guten Dinge drei.

Galant bot er ihr den freien Platz an dem kleinen Tisch des Cafés Van den Daele **85** in der Altstadt an.

Sie nahm unbefangen Platz. Ihre Dienstmarke hatte

sie im Büro gelassen. Ihr Chef, Kommissar Böhnke, würde auf sie aufpassen, da war sie ganz sicher.

Die Melodie des Mobiltelefons unterbrach seine Gedanken.
So far away.

FREIZEITTIPP

76 Das Dreiländereck (het Drielandenpunt) ist der Ort, an dem Belgien, Deutschland und die Niederlande aufeinandertreffen. Das Dreiländereck ist nicht nur ein wichtiger symbolischer und geografischer Ort, es bietet als touristischer Anziehungspunkt auch viele Vergnügungsmöglichkeiten.

77 Der Vaalserberg ist mit rund 323 Metern der »höchste« Berg der Niederlande. Der »Gipfel« mit dem Aussichtsturm und dem Denkmal ist leicht zu Fuß oder mit dem Auto zu erreichen. Angeblich soll jeder Niederländer einmal in seinem Leben mit dem Fahrrad den Vaalserberg erklommen haben.

78 Die Obelisken, die ein beliebtes Fotomotiv sind, weisen am Dreiländereck auf die Nationalgrenzen hin. Der Dreiländerpunkt war bis 1919 sogar als Vierländerpunkt bekannt. Damals stieß noch der bis zu diesem Zeitpunkt unabhängige Zwergstaat Neutral Moresnet als viertes Land an den Grenzpunkt, bevor er von Belgien einverleibt wurde.

79 »Ich han de Pief kapott!«, so lautet einer der typischen Aachener Sprüche. Das bedeutet soviel wie: »Ich bin kaputt, ich bekomme keine Luft mehr«.

Die Hotmannspiif ist einer der vielen innerstädtischen Brunnen mit besonderer Bedeutung. Der Standort an der Sandkaulstraße ist historisch. Schon im 14. Jahrhundert wurde dieser Brunnen erwähnt. Besonders attraktiv wirkt die Hotmannspiif, wenn bei Sonnenschein die goldenen Damen am Obelisk angestrahlt werden. Dann kann dem Betrachter tatsächlich glatt die Luft weg bleiben ...

80 Die 1847 vor dem Dom im gotischen Stil errichtete Mariensäule ist der Blickfang auf den Münsterplatz. Sie trat an die Stelle des Vinzensbrunnens und ist Bestandteil des *Lichtprojekts Aachen*.

81 Das Fischpüddelchen gilt auch als das »Männeken Piss« von Aachen. Anders als beim Brüsseler Original sprudelt hier das Wasser aber aus den Fischen, die der Knabe in den Händen hält. Der Brunnen verweist auf die Pau, einem inzwischen kanalisierten innerstädtischen Bach.

82 Die bei Wanderern beliebte Dreilägerbachtalsperre dient ausschließlich der Trinkwasserversorgung. Sie liegt südlich von Aachen im sogenannten Hürtgenwald im Staatsforst Monschau nahe Roetgen und damit nahe der deutsch-belgischen Grenze.

83 Das markante Haus Löwenstein, das 1344 gebaut wurde, befindet sich am Markt/Ecke Pontstraße

gegenüber dem Rathaus. Es überstand als eines der wenigen gotischen Gebäude den großen Stadtbrand von 1656 und gehört daher neben Dom und Rathaus zur nur noch geringen gotischen Bausubstanz in Aachen.

84 Der Öcher Bend ist die Kirmesattraktion schlechthin im Dreiländereck und eine der größten Kirmessen im Rheinland. Zweimal jährlich findet das Volksfest auf dem Bendplatz in der Nähe des Westbahnhofs statt, zu Ostern und im Spätsommer.

85 Das Café *Van den Daele* liegt im Herzen der Altstadt zwischen Büchel und Hof und ist in seiner Art nicht mit anderen Kaffeehäusern vergleichbar. Verteilt ist es auf mehrere Altstadthäuser und verfügt neben seiner Kaffeehaus-Tradition, über einen urigen Charme.

SPRITZTOUR

Der laut schnarchende, bisweilen auch grunzende Fettkloß neben ihr im Ehebett ekelte sie an. Er bereitete ihr wieder einmal eine schlaflose Nacht.

Nichts an dem Klops erinnerte an den drahtigen, sportlichen Mann, den sie vor mehr als 20 Jahren im Festsaal des Couven-Museums 86 geheiratet hatte. Und auch sein Charme und die Höflichkeit, die er ihr gegenüber aufgebracht hatte, um sie für sich zu gewinnen, waren längst auf der Strecke geblieben.

Das Hochzeitsfoto, das ein Fotograf damals von ihnen am Hühnerdieb 87 gemacht hatte, lag längst unbeachtet in einer Schublade. Die lachenden, glücklichen Gesichter des jungen Paares wirkten wie ein verlogenes Abbild einer Zeit, die es in der Wirklichkeit gar nicht gegeben hatte. Der Kerl neben ihr erinnerte sie manchmal an diesen tumben Hühnerdieb. Auch er schlich sich heimlich davon und wurde dennoch von ihr ertappt.

Aber das hielt ihn nicht davon ab, sich immer wieder auf neue amouröse Abenteuer einzulassen.

Ihr Lamentieren hatte ihn kalt gelassen.

Inzwischen hatte sie es längst aufgegeben, ihn zur Rede zu stellen, weil es Energieverschwendung war. Sie wusste, worauf es hinauslief, wenn er wieder einmal einen dringenden Besuch in den Carolus Thermen 88 machen musste, um sich zu entspannen. Wie die Entspannung nach dem Saunagang aussah, konnte sie sich bildhaft vorstellen.

Ob er sich nicht wegen seiner Fettleibigkeit vor den anderen Nackten genierte?

Allen anfänglichen Bemühungen zum Trotz war ihre Ehe kinderlos geblieben. Schon seit Jahr und Tag lebten sie wie zänkische Geschwister miteinander.

Er hatte mehr und mehr das Interesse an ihr verloren und widmete sich lieber jüngeren Frauen; Liebschaften, die über seinen aus der Form geratenen Körper hinwegsahen, weil er sie mit kostbaren Geschenken und Geld für sich vereinnahmte.

Geld macht sexy, dieser Spruch traf auf ihn zu, als sei er für ihn erfunden worden.

Sein Geld war es, das sie davon abhielt, sich scheiden zu lassen. Sie hatte einen Ehevertrag unterschrieben, der ihr im Falle einer Scheidung nichts hinterließ. Sie wäre wieder so arm wie eine Kirchenmaus, so wie sie es vor ihrer Hochzeit gewesen war.

Überlegungen, wie sie ohne ihn leben könnte, kamen ihr immer, wenn sie nachts durch das Schnarchen und Grunzen aufwachte, nachdem er irgendwann einmal ins Bett gekrochen war.

Der Gedanke, er könne seine Sexualität noch einmal an ihr ausleben, machte sie krank. Dennoch verletzte es sie, wenn er wieder einmal eine Nacht bei einer Bettgespielin verbrachte, was er zwar leugnete, dabei aber wenig plausible Erklärungen erfand.

Schon seit Jahren lebten sie nebeneinander. Gelegentlich ließen sie sich bei gesellschaftlichen Pflichtveranstaltungen wie dem Neujahrsempfang des Bäckerhandwerks auf Burg Orsbach 89 sehen, wenn es nicht mehr zu vermeiden war. Er, der erfolgreiche Fabrikant von Printen 90 und anderen Backwaren, sie, seine ehemalige Sekretärin, die sich in eine Ehe mit ihm hineingeschlafen hatte.

Sie konnte nicht einmal leugnen, dass es so gewesen war. Er hatte ihr einen gesellschaftlichen Aufstieg verschafft, den sich aus ihrer Familie niemand hatte erträumen lassen. Sie hatte den nicht mehr angemessenen Kontakt zu ihren Eltern nach der Eheschließung schnell abgebrochen; zu schnell, wie sie inzwischen bedauerte.

Aber nun war es zu spät. Die Eltern waren verstorben und sie in ihrem goldenen Käfig gefangen.

Die Zeiten, die sie mit ihrem Gemahl gemeinsam auf dem Golfplatz 91 verbracht hatte, lagen schon so lange zurück, dass sie nicht einmal mehr wusste, ob sie noch auf der früheren Neun-Loch-Anlage oder schon auf der zeitgemäßen und international gängigen 18-Loch-Anlage unterwegs gewesen waren.

Er interessierte sich nicht mehr sonderlich für sie, fragte nicht nach, wie sie ihren Alltag verbrachte. Als sie eine Zeitlang Klavierunterricht genommen hatte und demzufolge Klavierkonzerte mit Kammermusik in der Aula Carolina 92 an der Pontstraße oder Kammermusikabende im Kammermusiksaal am Blücherplatz 93 besuchte, fand er jedes Mal triftige Gründe, um sie nicht begleiten zu müssen. Dass er die Zeit ihrer kulturellen Weiterbildung möglicherweise dazu nutzte, seine Bettakrobatik zu vervollkommnen, stieß ihr bitter auf, auch wenn er stets ein fremdgeherisches Verhalten abstritt.

Den immens teuren Flugunterricht, den sie auf dem Flugplatz Merzbrück 94 genommen hatte, ohne je eine Prüfung abzulegen, bezahlte er kommentarlos. Wahrscheinlich wäre es ihm nicht einmal ungelegen gewesen, wenn sie bei einer Flugstunde abgestürzt und zu Tode gekommen wäre, dachte sie sich sarkastisch.

Sie hatte für ihn keinerlei Wert mehr. Sie war für ihn, so gestand sie sich ein, nicht mehr als ein lästiger Pickel hinter dem Ohrläppchen; nicht zu entfernen, aber auch nicht sonderlich störend.

Sie hatte in den letzten Jahren etliche Kurse bei der Volkshochschule in Aachen absolviert, von A wie Autoreparaturen für Hausfrauen bis Z wie Zukunftsgestaltung für die Witwenzeit. Inzwischen brauchte sie einen Elektriker genauso wenig wie einen Installateur, wenn in der Villa Reparaturen anfielen. Reifenwechsel oder der Einbau neuer Zündkerzen waren für sie ebenso ein Kinderspiel wie das Herstellen von Buntglasfenstern oder das Klöppeln.

Die Volkshochschule bildete – zweifelsohne.
Aber wozu war die Bildung vonnöten?
Für sie dienten die VHS-Kurse allein dem Zeitvertreib.
In der Theatergruppe hatte sie bei einem modernen

Stück eine Hauptrolle gespielt, eben weil sie so überzeugend war, doch interessierte ihn das nicht sonderlich. Der Premiere im Theater K 95 blieb er trotz Ehrenkarte und Zusage fern.

Selbst als sie eine Auszeichnung für die beste Arbeit des Fotoclubs erhielt und eine eigene Ausstellung in der Burg Frankenberg 96 gestalten durfte, hatte er weder ein Lob noch ein anderes Wort dafür übrig. Er begleitete sie nicht einmal zur Ausstellungseröffnung.

Größer hätte seine Missachtung gar nicht ausfallen können.

Gerne wäre sie seiner zweiten Leidenschaft neben den Frauen gefolgt: der Liebe zu Sportwagen. Aber er ließ sie nicht ans Steuer, wenn er einmal eine Spritztour zum Nürburgring 97 in der Eifel 98 oder gar zur Rennstrecke von Spa-Francochamps 99 in den Ardennen 100 machte und sie notgedrungen mitnahm, weil er nicht alleine fahren wollte. Er war ein sicherer Fahrer, besaß sogar eine Rennfahrerlizenz. Seine Rundenzeiten auf der legendären Nordschleife hätten locker für eine Qualifikation zum weltberühmten 24-Stunden-Rennen gereicht.

Eine Frau, und dann vielleicht sogar noch sie, am Steuer eines Wagens, in dem er als Beifahrer saß, war für ihn unvorstellbar, so hatte er es ihr unmissverständlich deutlich gemacht.

So müsste es gehen! Endlich war ihr der Gedanke gekommen, wie sie ihre Ehe beenden konnte, ohne dass ihr ein Nachhelfen angeheftet oder nachgewiesen werden könnte. Die Hoffnung, dass ihm ein Herzversagen wegen seiner sexuellen Umtriebigkeit den Garaus bereiten würde, hatte sie längst aufgegeben. Sie musste selbst nachhelfen, wollte sie das Ekelpaket endlich loswerden.

Freundlich lächelnd winkte sie ihm nach, als er an einem Sonntagmorgen mit dem zwar alten, aber gut gepflegten Porsche davonfuhr. Eine spontane Spritztour sollte es sein. Er wolle ohne sie in die Eifel, hatte er am Samstagmorgen gesagt.

Ohne sie, das bedeutete unausgesprochen: mit einer anderen. Er würde, da war sie sich sicher, nicht alleine zum Ring fahren.

Den Platz neben ihm würde eine der langbeinigen, vollbusigen Blondinen einnehmen, mit denen er sich meistens herumtrieb.

»Viel Spaß bei deiner Spritztour«, murmelte sie, während sie winkend dem Porsche nachsah.

Es würde seine letzte sein.

Der Anruf der Polizei am späten Nachmittag, während sie das neue Programm des »Das da Theaters« 101 studierte, konnte sie nicht überraschen. Sie nahm ihn sogar mit Vorfreude entgegen und sie jubilierte innerlich, als ihr ein Beamter mit betrübter Stimme mitteilte, ihr Mann habe auf dem Nürburgring einen schweren Autounfall erlitten.

Er liege auf der Intensivstation des Krankenhauses in Euskirchen, dort könne sie ihn besuchen.

Sie wusste, was ihr der Polizist zum Unfallhergang sagen würde: Bei hoher Geschwindigkeit hatten in einer Kurvenkombination die Bremsen versagt. Der schleudernde Sportwagen war von der Strecke geraten, hatte sich mehrfach überschlagen und war gegen einen Baum geprallt. Aus unerklärlichen Gründen habe der Airbag auf der Fahrerseite nicht funktioniert.

Genauso hatte sie es geplant; dank der VHS-Kurse.

Und genauso war es eingetreten.

Ein Airbag ist ein sehr empfindliches Rettungsgerät. Schon eine winzige Veränderung kann seine Tauglichkeit zerstören. Die eindringlichen Worte des VHS-Dozenten, der die Kursteilnehmer vor einer eigenmächtigen Überprüfung und Wartung gewarnt hatte, waren ihr noch gut im Ohr.

Und auch bei der Wartung der Bremsen war höchste Sorgfalt angebracht.

Ob sie Hildegard Müller kenne, wurde sie beim Eintreffen im Krankenhaus gefragt.

Das war wohl die Tussi, die ihn begleitet hatte, vermutete sie. Aber sie kannte sie nicht.

»Wieso?«, fragte sie erstaunt.

Hildegard Müller habe hinter dem Lenkrad gesessen, erklärte der Polizist. Sie sei noch am Unfallort verstorben. Ihr Ehemann auf dem Beifahrersitz sei dank des Airbags mit dem Leben davongekommen.

»Sie können davon ausgehen, dass er wieder auf die Beine kommt«, meinte er zuversichtlich.

Die Untersuchungen nach dem Unfall gerieten schnell ins Stocken. Ihr Mann konnte sich angeblich an überhaupt nichts erinnern, nicht einmal mehr an Hildegard Müller. Und Hildegard Müller würde für alle Zeiten schweigen.

So wie sie auch.

Sie musste vorsichtig sein.

Der Kommissar von der Kripo Aachen hatte sie so merkwürdig angeschaut, als er mit ihr gesprochen hatte. Es schien, als wolle sich der Mann namens Böhnke nicht mit dem Ermittlungsergebnis zum Unfallhergang zufriedengeben. Doch solange ihr nichts nachzuweisen war, waren ihm die Hände gebunden. Und man würde ihr nie etwas nachweisen können.

Der laut schnarchende, bisweilen grunzende Fettkloß neben ihr im Ehebett raubte ihr wieder einmal den Schlaf.

Aber sie fand selbst in ihrer Schlaflosigkeit nicht mehr die Kraft zu überlegen, wie sie sich von diesem Mann lösen konnte, ohne ins Gefängnis wandern zu müssen.

FREIZEITTIPP

86 Am Hühnermarkt, einem der ältesten Plätze in Aachen, befindet sich im Haus Nummer 17 das Couven-Museum. Dort kann auf drei Etagen in mehr als 20 Räumen die Entwicklung bürgerlicher Wohnkultur des 18. und 19. Jahrhunderts verfolgt werden. Die interessante Gestaltung der Zimmer geben Einblicke in die Einrichtung der Wohnräume von der Epoche des Rokokos bis hin zum Biedermeier. Einen Schwerpunkt bilden dabei die Aachen-Lütticher Möbel des 18. Jahrhunderts.

87 Das Brunnendenkmal *Hühnerdieb* wurde an Weihnachten 1913 auf dem Hühnermarkt enthüllt. Die Bronzefigur stellt einen erstaunten Dieb dar, der feststellen muss, dass er einen Hahn statt eines Huhns gestohlen hat. Der Hahn kräht und verrät so den vermeintlichen Hühnerdieb.

88 Die heißesten Quellen nördlich der Alpen befinden sich in Aachen. In den Carolus Thermen von Bad Aachen kann man sich von ihrer heilenden Kraft überzeugen lassen. Die Wärme und 19 Mineralelemente sollen positiv wirken bei Erkrankungen der Knochen, Muskeln, Gelenke und Haut.

89 Zwischen der Pfarrkirche St. Peter und dem Dorfplatz liegt die Burg Orsbach im Zentrum des Dorfes. Mit rund 600 Einwohnern ist Orsbach der westlichste Ort innerhalb der Stadt Aachen. Direkt an der niederländischen Grenze auf einer Anhöhe von 200 Metern gelegen kann man eine schöne Aussicht in die Holländische Schweiz genießen.

90 Die Aachener Printe ist eine regionale Spezialität mit einem eigenen Denkmal, dem Printenmädchen an der Ecke Büchel/Körbergasse. Das Wort stammt aus dem englischen »Print«, weil das Gebäck aus Honigkuchen sozusagen gedruckt und gepresst wird. Die Geschichte der Printe lässt sich etwa 4.000 Jahre zurückverfolgen. Ihren Ursprung hat sie vermutlich im Gilbenbrot, das belgische Arbeiter oder Besucher nach Aachen mitbrachten. Sie sind ein willkommenes Mitbringsel.

91 Als einer der ältesten Golfclubs Deutschlands bietet der Aachener Gold-Club auf seinem Platz an der Schurzelter Straße eine sportlich anspruchsvolle Anlage. Idyllisch ist seine naturbelassene Lage in der welligen Landschaft mitten im Dreiländereck.

92 Die Aula Carolina kann als ehemalige Klosterkirche auf eine lange und bewegte Geschichte zurückblicken. Erstmals erwähnt wird der Bau im 13. Jahrhundert. Der Grundstein zum noch heute stehenden Gebäude wurde am 11. Mai 1663 gelegt. Seit einer umfangreichen Sanierung 1980 wird die Aula Carolina zum einen als Schulaula für das Kaiser-Karls-Gymnasium und zum anderen für vielfältige, zumeist kulturelle Veranstaltungen genutzt.

93 Der Kammermusiksaal der Musikschule am Blücherplatz wird gerne für Kammermusikabende, Liederabende und Rezitationen genutzt.

94 Der Flugplatz Aachen-Merzbrück liegt nordöstlich des Stadtgebiets im Bereich von Würselen-Broichweiden nahe der A44. Er wird offiziell als Verkehrslandeplatz ausgewiesen. Von dort sind Rundflüge möglich, die den Blick auf Aachen aus der Vogelperspektive ermöglichen.

95 Das Theater K ist ein selbstverwaltetes Theater, das 1986 gegründet wurde. Nachdem es seinen Stammsitz aufgeben musste, hat es derzeit sein Domizil in der alten Tuchfabrik am Strüverweg 116. Seine Produktionen umfassen ein breites Spektrum moderner Interpretationen von literarischen und dramatischen Vorlagen aus allen Theaterepochen.

96 Die Burg Frankenberg an der Bismarckstraße wurde Ende des 13. Jahrhunderts als Wasserburg errichtet. Nachdem sie verfallen war, wurde die Burg im Auftrag von Landrat von Coels im 19. Jahrhundert wieder aufgebaut. Seit 1897 war das Gebäude Wohnsitz und Arbeitsstätte des Flugzeugbauers Hugo Junkers. Nunmehr ist die Burg ein Bürger- und Kulturzentrum.

97 Der Nürburgring ist nicht nur eine weltbekannte Rennstrecke in der Eifel. Er ist auch ein beliebtes Ausflugsziel. Spektakulär ist die Fahrt durch die *Grüne Hölle* rund um die Nürburg im eigenen Pkw.

98 Fast bis 750 Meter hoch ist das Mittelgebirge, an dessen nördlichen Ausläufern Aachen liegt. Der Nationalpark Eifel, die Maare, die ehemalige Ordensburg Vogelsang und viele attraktive Orte laden zum Besuch ein. Wald, Wasser und Natur gibt es in Hülle und Fülle.

99 Die neben dem Nürburgring zweite legendäre Rennstrecke der Region liegt nur 50 Kilometer von Aachen entfernt.

100 Nahtlos an die Eifel und das Hohe Venn schließen sich im Südosten Belgiens die Ardennen als Ausläufer des Rheinischen Schiefergebirges an. Sie bieten eine unberührte Natur mit einer reichen Fauna und Flora, ausgedehnten Laub- und Tannenwäldern in einer hügeligen Landschaft und mit vielen Flüssen. Zahlreiche malerische Dörfer liegen bei den Wanderungen in den vielen Tälern auf dem Weg.

101 Das *Das da Theater* an der Liebigstraße ist das größte professionelle Freie Theater der Städteregion Aachen. Seit rund 30 Jahren ist das Theater, dem das Publikum immer mehr Aufmerksamkeit schenkt, in Betrieb.

NACHT DER ENTSCHEIDUNG

Ein Mörder läuft durch die Stadt.
 Nein, er korrigierte sich, ein zukünftiger Mörder läuft durch die Stadt.
 Heute, heute musste es sein!
 Seine Entscheidung stand fest. Noch einige Stunden, ein letzter Morgen, ein letzter Mittag, ein letzter Abend.
 Dann die Nacht, die den Tod bringen wird.

Er keuchte schwer. Unwillkürlich hatte er bei seinen Mordgedanken das Tempo verschärft, war aus dem gewohnten Rhythmus gekommen bei seinem allmorgendlichen Frühsport, der aus einer Joggingrunde auf den Salvatorberg **102** und weiter auf den danebenliegenden Lousberg **103** bestand. Er musste, was er sonst nie tat, eine Pause einlegen.
 Er war allein auf der Laufstrecke so kurz nach Sonnenaufgang, in der Kühle des erwachenden Tages, der tödlich enden würde.
 Früher, zu Studienzeiten waren sie noch gemeinsam gelaufen, immer diese Strecke, zunächst bergauf, dann eine Runde über das Plateau, danach durch den Wald bergab in Richtung Wurm und schließlich zurück zur Wohnung an der Ludwigsallee.
 Heute würde alles anders sein. Ein Tag wie kein anderer vorher und wie kein anderer nachher.

Er würde seinen Frühsport abbrechen, beschloss er, schwitzend und schwer atmend an den Tranchot-Obelisken 104 gelehnt.

Den Tag verbrachte er am Schreibtisch in seinem Büro. Er verhielt sich unauffällig. Im Prinzip wie immer, würde seine Sekretärin antworten, wenn man sie denn befragen würde. Niemand sollte später sagen können, man hätte ihm eine Bereitschaft zu einem Mord angesehen.

Bei den üblichen Mittagstisch-Gesprächen mit stets denselben Kollegen im Stammlokal neben der ehemaligen Deutschen Reichsbank an der Theaterstraße 105 gab er sich wie immer, als wäre nichts und als würde niemals etwas sein.

Den Abend verbrachte er, wie jedes Mal, wenn er spät nach Hause kam, vor dem Computer in seinem Arbeitszimmer. Sie hockte, wie immer, wenn sie nicht gerade einmal auf Tour war, im Wohnzimmer vor dem Fernseher und leerte mindestens eine Flasche Wein.

Sie hatten sich nichts zu sagen, so fiel es keinem der beiden schwer, auf die Gegenwart des anderen zu verzichten.

Vorsichtig tastete er sich zur Schublade der Nachtkonsole und griff nach dem Skalpell.

Aber war es überhaupt seine Entscheidung oder hatte sie letztendlich den Anstoß für sein Handeln gegeben?

Er lauschte den ruhigen Atemzügen seiner Frau, die

im Ehebett neben ihm tief schlief. Ahnungslos, unbesorgt, wehrlos.

Behutsam fasste er das Skalpell am schmalen Griff.

Ein fester Schnitt durch die Kehle, und er war sie los, war frei.

Warum war es nur zu dieser Entscheidung gekommen? Sie hatten eine gute Ehe geführt, bevor er immer länger fernblieb. Nicht, weil er es so wollte. Aber seine Anstellung in einer weltweit agierenden Unternehmensberatung brachte diese oft vierwöchige Abwesenheit zwangsläufig mit sich.

Sie blieb ihm treu, tröstete sich mit ihren Freundinnen und später, als diese in der Betreuung ihres Nachwuchses ihre Erfüllung fanden, mit dem Alkohol.

Jetzt war sie zur Alkoholikerin geworden, ohne es jemals zugeben zu wollen. Sie war zittrig, wenn sie nicht zur Wacholderflasche gegriffen hatte, sie wurde ausfallend, wenn sie die Flasche geleert hatte. Sie beleidigte nicht nur ihn, sie beleidigte auch die anderen Teilnehmer bei einer Firmenveranstaltung oder bei einem Geschäftsessen, so dass er schließlich ohne sie seinen beruflich-gesellschaftlichen Verpflichtungen nachging. Seine Gattin sei unpässlich, lautete stets seine Entschuldigung, die wissend akzeptiert wurde.

Er verdiente, wie er sagen würde, nicht schlecht, was in seiner Branche bedeutete, im sechsstelligen Eurobereich. Und dennoch hatte er massive Schulden. Er musste sogar die fast abbezahlte Hypothek für ihr Stadthaus in bester Wohnlage an der Ludwigsallee in der Nähe der Marienburg **106** wieder in voller Höhe aufnehmen.

Sie gab mehr Geld aus, als er hereinbrachte. Sie verprasste sein Einkommen ebenso wie die 200.000 Euro, die er nach dem Tod seiner Eltern durch die Veräußerung der Erbschaft erhalten hatte.

Immer wieder hatte er sie gebeten, sich bei den Ausgaben ein wenig zurückzuhalten.
Doch ihre Versprechen hielten nur bis zum nächsten Besuch im Spielcasino **107**. Dann verlor sie mal eben im fünfstelligen Bereich.
Ihre Spielsucht war langsam gewachsen.
Die Bridgerunde mit den Freundinnen war noch spaßig gewesen, ohne Gewinn und Verlust. Nach dem ersten Casinobesuch im Anschluss an eine Weihnachtsfeier seines Arbeitgebers lockte sie der Roulettetisch immer mehr. Sie gewann gelegentlich und dann auch durchaus beachtlich. Aber unterm Strich stand sie klar auf der Verliererstraße.
Er hatte erreicht, dass sie sich für den Spielbetrieb in der Spielbank sperren ließ.
Aber in ihrer Sucht war sie einfallsreich genug, um ihrem Spieltrieb außerhalb von Aachen nachzukommen. Das Spielcasino im niederländischen Valkenburg **108**, nur wenige Kilometer entfernt, wurde zu ihrer neuen Spielstätte.
Alkoholsüchtig. Spielsüchtig.
Was wollte er noch an der Seite dieser kranken Frau?

Die Frage hatte ihm auch die neue Kollegin gestellt, als er ihr von seiner Situation erzählte. Er erschrak dabei über die Offenheit, mit der er über sich und seine Frau sprach.

Wahrscheinlich war er ehrlich, weil sie es ihm gegenüber auch war.

»Ich will dich«, hatte sie schon am ersten Abend ihrer gemeinsamen Beratungsarbeit bei einem Telekommunikationsunternehmen in Ungarn gesagt, als er sie nach einem Absacker an der Hotelbar zu ihrem Zimmer begleitete.

Die Nacht war stürmisch. Er erlebte eine Zweisamkeit, die er und seine Gattin längst vergessen hatten.

Über ein Jahr lang lebte er das sexuelle Verhältnis hemmungslos aus, ohne Gewissensbisse, ohne Skrupel. Seine Frau blieb ahnungslos. Er verliebte sich in die Kollegin und sie sich in ihn.

Sie wollte die Ehe, später sogar Kinder. Er solle zu ihr ziehen, hatte sie gebeten. Ihr Penthouse an der Oppenhoffallee 109 sei groß genug für sie und ihre zukünftige Familie.

Doch noch zögerte er.

Wie seine Frau schließlich von seiner außerehelichen Beziehung erfahren hatte, sagte sie ihm nicht. Sie schrie ihn an, prügelte in ihrem angetrunkenen Zustand auf ihn ein. Sie würde überall in der Stadt von seinem Lotterleben erzählen, drohte sie mehrmals. Er, der Ehebrecher, der seine Frau immer alleine ließ, um sich durch fremde Frauenbetten zu vögeln.

Ihre Schimpftiraden endeten erst, wenn sie abends volltrunken ins Bett wankte.

Er lag dann still neben ihr.
So wie auch dieses Mal.
Heute musste es sein!
Nicht zuletzt, weil seine Kollegin ihre Beziehung beendet hatte.
Er hatte zu lange gewartet.
Sie hatte einen Mann gefunden, der sie zur Mutter machte. Ausgerechnet mit seinem besten Freund war sie ins Bett gestiegen und schwanger geworden.
Ob der Freund seiner Frau die zerbrochene Beziehung gesteckt hatte?

Entschlossen umfasste er das Skalpell, das er nach einer Wirtschaftsprüfung in einer Privatklinik mitgenommen hatte.
Diese keifende, süchtige, kranke Frau neben ihm zerstörte sein Leben.
Er wollte endlich frei sein.

Ohne Zaudern schnitt er sich an beiden Unterarmen die Pulsadern auf. Er drückte seiner Frau das Skalpell in die Hand. Tiefatmend sank er ins Kopfkissen zurück.
»A-die-da«, murmelte er.

FREIZEITTIPP

102 Der Salvatorberg zwischen Lousberg und Wingertsberg ist einer der drei Hausberge von Aachen. Mit seiner Höhe von 229 Metern ist er deutlich niedriger als der Lousberg, aber höher als der Wingertsberg. Wie auf dem Lousberg, so wurde auch auf dem Salvatorberg gegen Ende des 19. Jahrhundert ein Park angelegt.

103 Der 264 Meter hohe Lousberg grenzt die Innenstadt gegenüber der Soers ab. Ab 1807 wurde auf ihm einer der ersten öffentlichen Parkanlagen in Europa errichtet. Hoch über dem Dreiländereck bietet der Park heute einen weiten Rundblick auf die Stadt Aachen, die ersten Anhöhen der Eifel und die grenznahen Regionen der Niederlande und Belgien. Originell sind die Hängematten auf der Lousbergterrasse. Von der Stelle aus hat man einen weiten Blick über die Soers nach Norden. Auch um ihn rankt sich eine der vielen Aachener Sagen. Nachdem der Teufel beim Dombau von den Aachenern hinters Licht geführt worden war, schwor er bitterer Rache. Er wollte die Stadt und den Dom mit Erde und Sand überschütten und dadurch jegliches Leben abtöten. Mit einem Sack schwer beladen vor den Toren der Stadt angekommen, fragte er bei brütender Hitze ein älteres Mütterlein, wie weit es denn noch bis zum Dom sei. Sie erkannte den Teufel und sagte ihm, er habe sich verlaufen. Wutentbrannt kippte der Teufel seine Fracht ab, so entstand der Lousberg.

104 Der Obelisk, der zur Sommersonnenwende 1807 errichtet wurde, soll an den französischen Vermesser Jean Joseph Tranchot erinnern. Tranchot hatte nach der Besetzung durch Napoleon die Aufgabe übernommen, das Rheinland zu vermessen. Einer der trigonometrischen Punkte, der er für ein Dreiecksnetz benötigte, befand sich auf dem Lousberg. Heute sind auf der Säule noch auf zwei Seiten geografische Angaben zu lesen. Sie informieren über die Entfernung zu zwei trigonometrischen Punkten in Sittard und Erkelenz und über die Koordinaten zu Paris.

105 Die Theaterstraße ist die erste Straße, die im 19. Jahrhundert über den historischen Stadtkern hinaus gebaut wurde und als Prachtstraße zum Kurviertel Burtscheid geplant war. An ihr befinden sich zahlreiche Baudenkmäler, wie etwa das im italienischen Renaissancestil errichtete Gebäude der Reichsbank oder das ehemalige Verlagshaus der Aachener Volkszeitung oder die Wohnhäuser betuchter Bürger. Das bekannteste ist das heutige Haus Matthéy an der Theaterstraße 67 im klassizistischen Stil.

106 Die Ludwigsallee ist Teil des Alleenrings, der größtenteils auf dem Gebiet der früheren äußeren, rund fünf Kilometer langen Stadtmauer verläuft. Nur zwei Stadttore und fünf Türme sind davon erhalten geblieben. Von der äußeren Mauer gibt es lediglich noch Ansätze an den Toren und Türmen. In der Mitte der Ludwigsallee befindet sich die Marienburg, für die 1512 der Grundstein gelegt wurde. Die Marienburg war wesentlicher Bestandteil der Befestigungsmauer rund um Aachen. An den 1638 geführten Kampf gegen den spanischen General de Grana erinnern die in das Mauerwerk eingearbeiteten Steinkugeln.

107 Das Spielcasino Aachen war die erste Spielbank in Nordrhein-Westfalen. Von 1976 bis 2015 befand sich die Spielbank im Neuen Kurhaus, seitdem ist sie im neuen Tivoli-Stadion im Sportpark Soers an der Krefelder Straße untergebracht. Nach der Umgestaltung des Neuen Kurhauses soll das Spielcasino wieder an die Monheimsallee zurückkehren.

108 Ganz in der Nähe von Aachen befindet sich am südlichsten Punkt von Süd-Limburg Valkenburg aan de Geul. Das Städtchen ist ein touristischer Anziehungspunkt und liegt idyllisch in einer Region, die gerne als die *Toskana an der Geul* bezeichnet wird.

109 Die nach Franz Oppenhoff benannte Oppenhoffallee ist eine der Prachtstraßen von Aachen. Nachdem Aachen von den Amerikanern eingenommen worden war, setzte die Militärregierung am 31. Oktober 1944 Oppenhoff als Oberbürgermeister ein. Am 25. März 1945 (Palmsonntag) wurde er von einem nationalsozialistischen Kommando ermordet. Zu Ehren von Oppenhoff wurde auf der Allee auch ein Denkmal aufgestellt.

NEUSTART

1.

Mehr und mehr bereute er, dass er so viele Jahre einen Bogen um seine Geburtsstadt gemacht hatte. Hier ließ es sich gut leben, sagte sich Horn, als er einmal mehr einen Bummel durch Aachen machte. Die vielen Jugendstilfassaden, die den Zweiten Weltkrieg überstanden hatten, gefielen ihm ebenso wie das viele Grün entlang der Straßen. Die Stadt war quirlig, nicht zuletzt ein Verdienst der vielen Studenten, die die Stadt jung hielten. Und auch moderne Architektur prägte das Stadtbild und verwies darauf, dass viele große Architekten in Aachen ihre Heimat gefunden oder sich in der Stadt verewigt hatten. Staunend betrachtete er das neue architektonische Kunstwerk am Templergraben in unmittelbarer Nähe zum Hauptgebäude der RWTH, das SuperC [110], in dem sich das Servicezentrum der Hochschule befindet.

In den Tagen zuvor hatte er an einigen Rundgängen teilgenommen, die vom Aachen Tourist Service [111] direkt neben dem Elisenbrunnen angeboten wurden, und er hatte unter anderem Wissenswertes über die Stadt als Zentrum der Printen und als ehemalige Hochburg der Tuchindustrie erfahren; ein Wissen, das er trotz seiner Aachener Herkunft bislang nicht gehabt hatte.

Doch war seine Stimmung heute getrübt. Zum ersten Mal, seitdem er nach dem Anschlag wieder auf die Beine gekommen war und sich fit wähnte, fühlte er sich unwohl. Der Schrecken, der ihm am Morgen bei der Zeitungslektüre in die Glieder gefahren war, machte ihm immer noch zu schaffen und wäre für ihn ein Grund gewesen, sich eine Krankmeldung zu holen, wenn er nicht schon eine gehabt hätte.

Der mysteriöse und grausame Tod eines angesehenen Zahnarztes war das beherrschende Thema der Lokalzeitungen gewesen. Der Mann war weitab von seiner Wohnung in Brand, quasi am anderen Ende der Stadt, am Schneeberg erschossen [112] gefunden worden. Gläubige, die in der Schneeberg-Kapelle [113] eine Kerze entzünden wollten, hatten die Leiche gefunden.

Die Medien sprachen unverhohlen von einem kaltblütigen Mord. Der Mann war durch einen Genickschuss aus kürzester Distanz getötet worden.

Weniger die grausame Art der Exekution als vielmehr die Initialen und das Alter des Mannes machten Horn betroffen. Bei H.W., der in seinem Alter war, konnte es sich durchaus um seinen ehemaligen Co-Abiturienten Helmut Wichertz handeln, dem er noch vor wenigen Wochen bei dem tragischen Klassentreffen begegnet war. Sie hatten zwar nur kurz und floskelhaft miteinander geredet, weil sie sich nicht viel zu sagen hatten, aber dennoch. Wichertz war sein Kollege zu Schulzeiten gewesen, so wie auch Schmitz, der sich selbst gerichtet hatte. Schon der zweite aus der ehemaligen Riege, dachte sich Horn.

Ob es einen Zusammenhang zwischen den beiden Toten gab, der über die gemeinsame Schulzeit hinausging?

Gerne hätte Horn wegen dieser Frage Paul Jerusalem im Klinikum angerufen.

Doch war der Chirurg, wie sein Sekretariat erklärte, wegen einer heiklen Operation in den nächsten Stunden nicht zu sprechen.

2.

Ziellos stromerte Horn durch die Stadt. Solange er den Alleenring nicht überquerte, konnte er sich bei seinem Schlendern bergauf und bergab gar nicht verlaufen. Sein Handy machte sich bemerkbar. Wer außer Jerusalem würde ihn schon anrufen? In seinem Institut an der Technischen Universität in Clausthal-Zellerfeld hatte er über Jerusalem unmissverständlich ausrichten lassen, dass er nicht gestört werden dürfe, solange er nicht vollkommen genesen sei. Und das würde noch lange dauern.

»Böhnke«, meldete sich eine ruhige Männerstimme.
»Wo sind Sie gerade, Herr Horn?«

Horn brauchte einige Momente, bis er auf der richtigen Spur war. Böhnke, das war der Kommissar, der ihm versprochen hatte, nach den Mördern von Renate zu fahnden.

Hatte das Telefonat etwas mit diesem Versprechen zu tun?

Horn schaute sich um, bis er sich endlich orientiert hatte. »Ich stehe an der Heilig-Kreuz-Kirche 114«, antwortete er.

Er wolle mit ihm sprechen, bekundete Böhnke. »Wie wär's mit einem Abendessen beim Italiener im Bärenhof am Templergraben 115?«

Spontan willigte Horn ein und verspürte zugleich das Knurren seines leeren Magens.

Böhnke gab ihm die Bestätigung. H.W. stand in der Tat für Helmut Wichertz.

»Glauben Sie an Zufall, dass Wichertz ermordet wird, nachdem Schmitz Selbstmord begangen hat?«

»Die Frage wollte ich Ihnen stellen«, antwortete der Kommissar. Er kämpfte mit seinen Spaghetti alla Siciliana.

»Keine Ahnung.« Horn wusste nicht, worauf Böhnke hinauswollte.

»Ich finde es schon merkwürdig, dass Schmitz stirbt, nachdem Sie ihn quasi überführt haben, ohne mich zu kontaktieren. Das hinterlässt bei mir einen faden Beigeschmack«, erläuterte Böhnke freimütig. »Vielleicht ist Wichertz' Tod ja auch die Folge eines Alleingangs von Ihnen.«

Horn stockte der Atem.

Wollte der Kommissar ihm etwa unterstellen, er hätte etwas mit dem Mord zu tun?

»Wo waren Sie, als Wichertz erschossen wurde?«

Auf einen derart plumpen Versuch würde er garantiert nicht reinfallen. »Wenn Sie mir verraten, wann

Wichertz erschossen wurde, kann ich Ihnen auch detailliert sagen, was ich zu dem Zeitpunkt gemacht habe.«

»Vorgestern gegen 23 Uhr.«

»Da lag ich in meinem Hotelzimmer im Bett.«

»Allein?«

»Natürlich«, log Horn. »Und daher ohne Zeuge und ohne Alibi.«

Am Nachmittag des Tattages habe er sich allein im Grashaus 116 am Fischmarkt umgesehen, berichtete er unaufgefordert, stand aber vor verschlossenen Türen. Und am Abend habe er sich ebenfalls ohne Begleitung einen Vortrag im Centre Charlemagne 117 über Karl den Großen angehört. »Wie es sich für einen bildungsinteressierten Öcher gehört.« Es sei quasi eine intensive Vorbereitung gewesen für die Route Charlemagne 118, die er in den nächsten Tagen unternehmen wolle. »Immer an den markanten Bronzeplaketten auf den Straßen entlang.« Er schmunzelte. »Oder muss ich damit rechnen, dass Sie mich jetzt einkassieren?«

Böhnke lächelte sein Gegenüber freundlich an.

»Keine Sorge. Sie stehen nicht auf meiner Liste.« Erst verunsichern, dann für sich gewinnen, diese Methode würde Horn zu einem redseligen Gesprächspartner machen.

»Wir wissen aus unseren Ermittlungen am Tatort, dass es zwei Tatbeteiligte gab. Sie sind aber der geborene Einzelgänger.« Der Kommissar wischte sich mit der Serviette den Mund ab. »Es war übrigens kein Zufall, dass die beiden Männer kurz hintereinander starben. Es gibt tatsächlich einen Zusammenhang. Wichertz wurde mit der Waffe erschossen, mit der auch Sie getötet werden sollten. Wir haben die Projektile verglichen. Die Sache ist eindeutig.« Der Kommissar griff zu seinem Bierglas und nahm einen kräftigen Schluck. »Und nun erzählen Sie mir bitte, an was Sie sich noch aus Ihrer Schulzeit erinnern. Wie war das mit Ihrer Klasse?«

Die Zeit verging rasend schnell. Horn erzählte ununterbrochen. Ihm fielen Anekdoten ein, an die er seit Jahren nicht mehr gedacht hatte, und er stellte Zusammenhänge her zwischen einzelnen Kameraden, die ihm erst jetzt bewusst wurden. Schmitz hatte mit Wichertz und einem weiteren Schüler zusammengehangen wie Kletten. Sie bildeten damals die drei Musketiere.

»Ich glaube, es war Paul Jerusalem«, meinte Horn, ohne groß nachzudenken.

»Ich danke Ihnen«, sagte Böhnke nach kurzer Pause. »Sie haben mir sehr geholfen. Ihre Erinnerung deckt sich mit der anderer ehemaliger Schüler aus Ihrem Jahrgang.«

Der Kommissar hatte es plötzlich eilig und ließ Horn stehen.

Horn war irritiert.

Was sollte das jetzt?

Sein Blick auf die Uhr verriet ihm, dass es fast Mitternacht war.

Ob Rita auf ihn gewartet hatte?

3.

Schmitz hatte Renate auf dem Gewissen und Selbstmord begangen. Wichertz war mit Schmitz früher durch dick und dünn gegangen und mit demselben Gewehr erschossen worden, mit dem auch er getötet werden sollte. Und Jerusalem war der dritte Musketier im Bunde mit Schmitz und Wichertz.

Wie hing das zusammen? Hatten die drei damals …? War er jetzt dabei, die alte Seilschaft wegen des Todes von Renate zur Rechenschaft zu ziehen?

»Schmitz und Wichertz, das kann sein. Aber mich lässt du bitte da raus. Du irrst dich, ich war nie mit denen zusammen. Der dritte Musketier, das war ein anderer«, behauptete Jerusalem, den Horn unverblümt zur Rede gestellt hatte.

Sie hatten sich zum Mittagessen in der Mensa des Klinikums getroffen. Der Arzt war wie immer in Eile und froh, zwischen zwei Terminen etwas Zeit für ihn zu haben.

»Von der Geschichte damals habe ich nichts mitbekommen. Bei dem Anschlag auf dich stand ich im OP und als Wichertz ermordet wurde, war ich im Mörgens 119 . Da hat ein Kollege sein Buch über sein Entwicklungshilfeprojekt vorgestellt.« Paul legte das Besteck beiseite. »Ich bin raus aus der Nummer. Und ehrlich gesagt, ein wenig enttäuscht, dass du mich überhaupt mit den Verbrechen in Verbindung bringst.«

Horn zuckte entschuldigend mit den Schultern. »Ich stochere doch im Nebel herum.«

Auch Rita hatte eine Mittäterschaft von Paul als absurd bezeichnet. Aber es war wohl besser, wenn er die Frau jetzt nicht ins Spiel brachte.

»Wer war denn dann der dritte Musketier?«

»Keine Ahnung, ich jedenfalls nicht. Aber ich werde mal meine grauen Zellen aktivieren. Bei einer Operation kann ich mich am besten entspannen und nachdenken. Vielleicht fällt es mir ja noch ein.« Schmunzelnd blickte Paul auf seine Uhr. »Ich muss los. Die nächste Herzklappe wartet.«

Und auf mich Kommissar Böhnke, lag es Horn auf der Zunge. Er verkniff sich die Bemerkung.

4.

Der Kommissar hörte ihm höflich zu, als Horn von dem Gespräch mit Jerusalem berichtete. Sie hatten die Gelegenheit genutzt, dass das Belvedere 120 auf dem Lousberg geöffnet hatte, und sich dort verabredet.

Böhnke schien am Ausblick über Aachen und das Dreiländereck mehr interessiert zu sein als an Horns Vortrag.

Er schwieg lange, nachdem Horn geendet hatte.

Ein alter Mann, der sich auf die Rente vorbereitet, dachte sich Horn. Ob er auch einmal so enden würde? Grauhaarig, schweigend, vielleicht sogar desillusioniert?

Die Dynamik, mit der Böhnke mit beiden Händen auf den Tisch schlug, widerlegte Horns Vermutung.

»So«, sagte der Kommissar energisch. »Schmitz und Wichertz waren wohl ein Herz und eine Seele. Über deren dritten Freund gibt es unterschiedliche Aussagen. Es könnte Jerusalem gewesen sein, aber auch jemand anderes.« Den staunenden Blick von Horn interpretierte er richtig. »Ich habe mir alle Unterlagen durchgelesen, die es über das damalige Verschwinden Ihrer Freundin gab. Nachdem sie als vermisst gemeldet wurde, haben meine Kollegen recherchiert und sind dabei auf Ihre Schulkameraden gestoßen. Sie selbst waren unauffindbar, sonst hätten wir Sie auch befragt.« Er lächelte kurz. »Dabei sind dann einige Beziehungen zwischen einzelnen Schülern herausgekommen. Kennen Sie eigentlich noch die Namen ihrer ehemaligen Schulkameraden?«

Er glaube nicht, dass er alle zusammenbekomme, entschuldigte Horn sich vorsorglich. »Da müssen Sie mir behilflich sein. Wenn ich Namen höre, erinnere ich mich vielleicht.«

Böhnke winkte ab, er tastete in seiner Sakkotasche nach einem Handy, das sich mit dem Radetzkymarsch gemeldet hatte. »Ich höre.« Damit ließ er Horn sitzen. Er erhob sich und führte das Telefonat auf der Außenplattform fort.

Einige Minuten später kam er nachdenklich zurück. »Sie brauchen nicht zu befürchten, dass Sie mit der Mordwaffe von Wichertz erschossen werden, Herr Horn«, meinte er mit leichter Ironie in der Stimme, während er sich wieder setzte.

»Muss ich das verstehen?«, fragte Horn verdutzt.

Böhnke lachte kurz auf. »Wir haben das Gewehr sichergestellt, aus dem auf Wichertz und auf Sie geschossen wurde. Es befand sich in einem Schließfach im Hauptbahnhof.«

»Dann haben Sie ja wohl auch bald den Schützen. Oder?«

»Schön wär's. Leider können wir keine verwertbaren Spuren darauf finden. Es scheint, als habe jemand das Gewehr dort deponieren wollen. Vermutlich ist er dann daran gehindert worden, es fristgerecht wieder abzuholen.«

5.

»Ihr Freund Paul hat ein Problem.« Böhnke kam beim Telefonat mit Horn direkt zur Sache. »Wir haben bei ihm den Schließfachschlüssel gefunden.«

»Wie?« Zu mehr war Horn nicht fähig. Ihm stockte der Atem. Beinahe wäre er trotz Rotlicht auf die Straße gelaufen.

»Ich habe ihn heute Morgen in seinem Büro aufgesucht, um mit ihm noch einmal über die Beziehungen der ehemaligen Schüler zu sprechen. Als er während des Gesprächs die Schreibtischschublade öffnete, lag ganz oben im Fach der Schlüssel.«

»Und er weiß nicht, wie er dahin gekommen ist?«

»Er kann es sich nicht erklären. Aber für uns ist das ein eindeutiges Beweismittel. Wer sonst, wenn nicht der Benutzer des Schließfachs, könnte den Schlüssel haben?«

»Was passiert jetzt?«

»Jerusalem ist zum Hauptverdächtigen geworden«, antwortete Böhnke.

»Der zum Zeitpunkt des Todesschusses bei einem Vortrag im Mörgens war«, fiel ihm Horn ins Wort. So leicht konnte er es Böhnke nicht machen.

»Richtig. Aber das schließt nicht aus, dass er mit einem beziehungsweise mehreren anderen gemeinsame Sache machte. Fakt ist jedenfalls, dass er den Schlüssel besitzt.«

Nachdenklich beendete Horn das Telefonat. Er musste sich beeilen.

Rita wartete auf ihn. Sie hatten sich am Denkmal des Wehrhaften Schmieds an der Jakobstraße verabredet. In einem Restaurant in der Nähe, das sich mit frischen, selbstproduzierten Nudeln einen guten Ruf erworben hatte, wollten sie eine Kleinigkeit essen.

Er hatte sich um einige Minuten verspätet und schaute sich suchend nach ihr um. Nicht weit entfernt vom Brunnen fand er sie, wie sie interessiert in das archäologische Fenster **121** schaute.

Ungläubig hörte sie ihm zu, während sie sich an ihrer Mahlzeit abarbeitete.

»Paul ist zu so etwas nicht fähig. Andererseits«, sie lächelte gequält, »kann uns nichts Besseres passieren.«

»Wie meinst du?«

»Jeder wird Verständnis dafür haben, wenn du dich um mich kümmerst, solang er im Knast sitzt.«

Diesen Aspekt hatte Horn noch gar nicht betrachtet. So ganz ungelegen kam Jerusalems Verhaftung in der Tat nicht.

»Zu mir oder zu dir?«, fragte er.

»Heute zu mir. Ich habe ja eine sturmfreie Bude.«

6.

»Hey, alter Kumpel! Du lebst auch noch?«

Horn fragte sich verärgert, wer ihm so rüde an der Großkölnstraße von hinten auf die Schulter geschlagen hatte, während er die Regenschirmdamen neben der Nikolauskirche 122 betrachtete. Er erkannte einen Mann in seinem Alter, etwas kleiner, aber breitschultrig, mit schütterem Haar und einfach gekleidet.

»Weißt du etwa nicht mehr, wer ich bin?«

»Nein«, bekannte Horn, auch wenn ihm langsam dämmerte, wen er da vor sich hatte. Seine geplante Ruhepause auf dem Markt konnte er jedenfalls vergessen.

»Ich bin's. Dein alter Schulkamerad Werner Vierich.«

»Jetzt, wo du's sagst«, entgegnete Horn und schüttelte widerstrebend die ihm entgegengereichte Rechte.

Vierich setzte sich ungeniert neben ihn auf eine Bank. Er schien bestens im Bilde, kein Wunder, nach den vielen Berichten in den Medien. Er war auch bei dem von Schmitz organisierten Klassentreffen gewesen, erinnerte sich Horn.

»Das ist ja Wahnsinn, was mit unserer alten Truppe passiert. Schmitz tot, du beinahe tot, Wichertz tot und der Dok jetzt in U-Haft.«

»Was machst du denn eigentlich?«, fragte Horn.

Vierich winkte beiläufig ab. »Alles in Versicherung. Wenn du mal was brauchst, sag mir Bescheid. Hast du ne Visitenkarte für mich?«

Horn nickte und gab ihm das Papier.

»Ein richtiger Professor«, sagte Vierich mit übertriebener Hochachtung. »Aber auch nur ein Mensch, und sogar einer mit einer Handynummer.« So schnell, wie er gekommen war, verschwand er auch wieder; nicht ohne Horn zum Abschied einen weiteren krachenden Schlag auf die Schulter verpasst zu haben. »Wir sehen uns wieder.«

Muss nicht sein, sagte sich Horn. Aber in einer Stadt wie Aachen blieb es gar nicht aus, dass man sich immer wieder begegnete.

7.

Er sei überhaupt nicht amüsiert, meinte Böhnke und schaute Horn streng an. »Ich glaube, wir haben einiges zu klären.«

Horn hatte sich die Einladung zum Mittagessen

anders vorgestellt. Er dachte, sie würden angenehm plaudern. Aber diese Bemerkung verhieß das Gegenteil.

»Was ist?«, fragte er vorsichtig. Der Appetit war ihm vergangen. Die Speisekarte wies er dankend zurück und beließ es bei der Bestellung eines Mineralwassers.

»Was soll schon sein? Ihr Freund Paul ist verzweifelt. Sie trösten seine Frau und haben mich belogen.«

»Wie?«, stotterte Horn. Röte stieg ihm ins Gesicht.

»Meinen Sie etwa, die Polizei ist nur blöd?« Böhnke blickte ihn streng an. »Bei unseren Ermittlungen sind Sie selbstverständlich auch ein Ermittlungsobjekt. Und wenn Sie sich offensichtlich so gut mit Frau Jerusalem verstehen, kommen mir so manche Gedanken.«

»Wie etwa?«

»Wie etwa der, dass es Ihnen durchaus genehm ist, wenn Jerusalem weggesperrt wird. Es sind schon andere Ehebrecher zum Mörder geworden, um einen Gatten aus der Welt zu räumen. Und Sie schlagen sogar zwei Fliegen mit einer Klappe: Sie töten den Mörder Ihrer früheren Freundin Renate und haben freie Fahrt bei Ihrer aktuellen Liebschaft.«

»Unsinn«, brauste Horn auf. »Das ist völliger Blödsinn.«

»Ist es nicht«, widersprach Böhnke ruhig.

»Sie waren bei Jerusalem, eine halbe Stunde nachdem das Gewehr im Schließfach eingelagert wurde. Er hat kurzzeitig sein Büro verlassen müssen, so dass Sie ungesehen den Schlüssel in seinen Schreibtisch legen konnten.«

»Quatsch! So war es nicht.«

»So könnte es aber gewesen sein«, entgegnete Böhnke. Er wirkte entschlossen und hatte sämtliche Freundlichkeit abgelegt. »Die Liebschaft ist ein gutes Motiv. Und Ihre Rache an Wichertz könnte ich persönlich nachvollziehen, wenn auch nicht tolerieren.«

»Und jetzt?«

Böhnke triumphierte innerlich. Es hatte wieder geklappt. Horn würde alles tun, was er für richtig hielt.

»Jetzt werden Sie mir helfen, den tatsächlichen Mörder zu finden. Und im Gegenzug vergesse ich Ihre Beziehung zu Frau Jerusalem.«

»Was soll ich tun?« Horn war aufgeregt, und seine Aufregung wurde nicht geringer, als ihm Böhnke von den weiteren Ermittlungen berichtete.

»Sie glauben also, dass ich auch noch dran glauben soll?«, fragte er anschließend verstört.

»Ja, denn der dritte Musketier muss davon ausgehen, dass Sie ihm über kurz oder lang auch auf die Schliche kommen.«

»Wie kommen Sie darauf?«, wollte Horn wissen, während Böhnke nach seinem musizierenden Handy griff.

»Später«, antwortete er nach dem Anruf. »Ich muss raus. Es gab ein Tötungsdelikt am Gemmenicher Tunnel. Aber Sie informieren mich sofort, wenn etwas Ungewöhnliches passiert. Und wenn bei Ihnen vor dem Hotel ein Eimer Wasser ausgeschüttet wird. Versprochen?«

Horn nickte. »Versprochen!« Die Erwähnung des Gemmenicher Tunnels hatte bei ihm Kindheitserinnerungen geweckt. Oft waren sie früher durch den Wald bis in die Nähe des schwarzen Schlunds am Tunneleingang geschlichen und hatten dort darauf gewartet, dass mit Getöse ein Zug herausfuhr; immer auf der Hut vor Zöllnern oder Bahnbediensteten, die sie vertreiben würden. Schwach konnte er sich sogar noch an Dampfloks erinnern, die durch diesen alten Grenztunnel aus dem 19. Jahrhundert zwischen Deutschland und Belgien durch den Vaalserberg am Dreiländereck fuhren und dabei gewaltige Rauchwolken von sich stießen.

8.

Horn freute sich auf den Abend mit Rita. Sie würde sich von Jerusalem trennen und mit ihm gehen, wohin auch immer. So hatten sie es vereinbart.

Das Anschlagen seines Handys konnte nur auf die SMS hinweisen, die sie ihm schicken wollte, wenn sie vom Besuch ihrer Mutter im Altenheim nach Aachen zurückkam.

Der Inhalt der Nachricht gefiel ihm nicht: Er möge sie bitte an der Autobahnraststätte Aachener Land Süd [123] abholen. Sie habe einen Motorschaden, schrieb sie.

In einer halben Stunde sei er da, schrieb er zurück.

Aus der halben Stunde wurde eine ganze, der SMS-Verkehr immer häufiger, der Tonfall immer ungeduldiger.

»Ich fahre jetzt los«, schrieb er endlich.

9.

Ritas Wagen stand auf dem Parkstreifen. Er würde sie in der Raststätte antreffen, so war es ausgemacht.

»Stopp, mein Freund!« Der harte Schlag von hinten auf die Schulter ließ ihn verharren.

»Vierich, was soll das?«, schnauzte Horn. Er erschrak, als er Rita erkannte, die von einem ihm Unbekannten herangezerrt wurde.

»Was das soll, Herr Professor? Das ist das Ende einer Dienstfahrt. Bedauerlicherweise nicht nur für dich, sondern auch für Frau Jerusalem.« Mit geheucheltem Bedauern schaute Vierich sie an. »Tut mir leid, aber für Sie ist das Leben gleich auch zu Ende.«

Ehe Horn reagieren konnte, hatte ihn der Unbekannte mit Handschellen im Rücken gefesselt.

Mit derben Stößen wurden Horn und Rita zu einem Kombi gestoßen.

»Ab mit euch in den Wald«, scherzte Vierich gehässig, »und stoßt euch nicht den Kopf beim Einsteigen.«

»Was geht hier ab?«, fluchte Horn, während Rita leise wimmerte.

»Was schon? Wir fahren mit euch ins Hohe Venn. Da gibt es so schöne abgelegene Moore, in denen findet euch niemand. Ihr werdet wunderbare Moorleichen sein.«

»Wohin willst du uns bringen?«

»Kennst du die Wesertalsperre 124 ? Dort parken wir. Und dann machen wir mit euch einen kleinen Waldspaziergang. Und dann …« Mit dem Handrücken strich er an seiner Kehle entlang.

»Warum? Was soll der Scheiß?«

»Professor, du bist zwar ahnungslos, aber du bist trotzdem eine Gefahr, denn du bist schlau genug, um die Wahrheit herauszukriegen.«

»Wie sieht denn deine Wahrheit aus?«

»Nicht anders als deine«, antwortete Vierich.

»Und sie beginnt mit dem Tod von Renate.« Horn schloss die Augen, er ahnte, was geschehen war.

»Richtig, du Schlaumeier. Sie beginnt mit dir und Renate und eurem wilden Treiben im Park. Da wollten wir doch auch unseren Spaß haben.«

»Wir, sagst du und meinst dich, Wichertz und Schmitz.«

»Genau. Als du Penner dann beim Klassentreffen die alte Geschichte aufgewärmt hast, sahen wir uns genötigt, dich zu beseitigen. Nachdem wir meinen speziellen Freund angerufen hatten, musste es schnell gehen. Aber leider hat mein Freund hier dich knapp verfehlt. Dann bekam Wichertz kalte Füße, nachdem Schmitz von uns gegangen ist. Er wollte auspacken. Das konnte ich mir doch nicht gefallen lassen. Nicht wieder Knast. So haben wir ihn erledigt. Danach kam uns die Idee, den Mord Jerusalem in die Schuhe zu schieben. Hat ja auch geklappt. Der kommt aus der Nummer nicht mehr raus. Aber um ganz sicher zu gehen, musst du verschwinden, mein Bester, und mit dir deine Tussi.« Vierichs Stimme wurde hart. »Wer seinen Ehemann betrügt, hat den Tod verdient. Ihr beiden Turteltauben seid ja auch selten blöd. Euch zu verfolgen und zu überrumpeln, schafft jeder halbwegs Clevere.«

»Wie ist denn der Schlüssel in Pauls Schreibtisch gelangt?«

»Gute Frage«, lobte Vierich höhnisch. Er zeigte auf den Fahrer. »Mein Kumpel hatte sich einen dringenden Termin geben lassen. Als Privatpatient kein Problem. Der Rest war ein Kinderspiel.« Vierich deutete nach rechts aus dem Fenster. Wir müssen hier abbiegen in Richtung Petergensfeld. Dann sind wir sofort in Belgien.«

Bereitwillig folgte der schweigsame Fahrer der Anweisung. Schon nach wenigen Metern hatte er die Wohnbebauung verlassen und stand vor einer Abbiegung.

»Geradeaus«, sagte Vierich.

Der Fahrer gab Gas und war bald auf einer leeren Straße mit serpentinenartigen Kurven. Gewaltig musste er auf die Bremse treten, als ihm urplötzlich ein Geländewagen straßenfüllend entgegenkam. Ehe er sich versah, stand auch hinter seinem Fahrzeug ein großer, dunkler Wagen, aus dem vermummte Gestalten sprangen.

»Polizei!« Laute Schreie hallten durch den Wald, grelles Licht blendete Horn und Rita ebenso wie ihre beiden Entführer.

In Windeseile war der Spuk vorbei. Vierich und sein Komplize waren abgeführt worden, Horn und Rita saßen im Wagen von Böhnke.

»Das war knapp«, meinte der Kommissar. »Ein paar Kilometer weiter und wir wären richtig tief in Belgien gewesen. Das hätte Zuständigkeitsprobleme gegeben.«

»Wenn das Ihre einzige Sorge ist«, knurrte Horn, der Rita im Arm hielt.

»Ist es in der Tat«, entgegnete Böhnke. »Ihretwegen hatte ich keinerlei Bedenken.« Entschuldigend schaute er die Frau an.

»Tut mir leid, Sie in diese Situation gebracht zu haben. Aber warum lassen Sie sich auch von den beiden Typen einfangen?«

»Die haben mich überrumpelt. Ich war beim Einkauf und als ich in mein Auto steigen wollte, haben die mich geschnappt«, erklärte Rita.

»Dann sind Sie zur Raststätte gebracht worden und die beiden haben mit Ihrem Handy Herrn Horn kontaktiert. Nicht wahr?«

Rita nickte bejahend.

»Und Herr Horn hat endlich mal gemacht, was ich von ihm wollte. Er hat mich sofort informiert.«

Selbst Böhnkes Lob kam Horn wie ein Tadel vor.

»Wir haben ihn bei uns verkabelt, deshalb hat es so lange gedauert, bis er zu Ihnen kommen wollte. Aber es hat sich gelohnt. Wir haben Geständnisse in bester Tonqualität.« Böhnke wirkte zufrieden. »Ich habe Ihnen doch versprochen, dass ich die Mörder Ihrer Freundin Renate zur Strecke bringe, Herr Professor.«

Horn nickte stumm. Er wusste um das Risiko, als er auf Böhnkes Vorschlag eingegangen war. Aber es war tatsächlich wohl die einzige Möglichkeit gewesen, um Vierich den Garaus zu machen.

»Vierich steht auf meiner Hitliste der Verdächtigen ganz oben«, hatte ihm Böhnke gesagt. Das sei ein

Krimineller mit Knasterfahrung, der sein Leben versaut habe. Bisher habe er ihm wegen der Attentate aber nichts nachweisen können. »Jetzt wird alles gut«, sagte er zufrieden. »Wohin wollen Sie?«

»Am liebsten in ein Hotel am Rursee 125«, antwortete Rita.

»Wenn's weiter nichts ist«, brummte Böhnke. Er wollte ohnehin zu seinem Wochenenddomizil nach Huppenbroich. Die paar Kilometer bis zum Wasser bedeuteten für ihn keinen großen Umweg.

Vom turbulenten Aachen hatte er zunächst einmal genug.

Rita lächelte Horn an und wiederholte Böhnkes Worte: »Aber jetzt wird alles gut.«

Tatsächlich? Wenn Horn an Paul dachte, der wohl nicht mehr sein Freund sein würde, fühlte er sich mies. Und Horn würde sich auch mies fühlen, wenn er mit Rita schlief und an Renate denken musste.

FREIZEITTIPPS

110 Das SuperC ist ein siebengeschossiger Neubau von 2008, dessen oberstes Stockwerk als Dachgeschoss 17 Meter auskragt. Das Gebäude sieht von der Seite wie ein großes C aus. Durch eine über 2.500 Meter tiefe Bohrung sollte das Haus geothermisch versorgt werden. Die Bohrung gelang zwar, dennoch wurde das Projekt zum technischen und finanziellen Desaster.

111 Der Aachen Tourist Service am Friedrich-Wilhelm-Platz ist die Anlaufstelle für alle, die sich über die Stadt informieren wollen. Er bietet zahlreiche Führungen zu unterschiedlichen Themenkreisen an.

112 Vom 250 Meter hohen Schneeberg, der weniger ein Berg als vielmehr ein langgestreckter, schmaler Höhenzug ist, hat der Besucher einen wunderschönen Fernblick in die Niederlande. Er zieht sich vom deutschen Grenzort Vaalserquartier parallel zur Staatsgrenze in nordwestlicher Richtung fast bis nach Orsbach hin. Auch dort befindet sich ein Teil des Westwalls.

113 Eine Attraktion ist die nach dem Ende des Zweiten Weltkrieges auf dem unteren Südwesthangteil des Schneeberges vor dem Westwall zwischen Schneebergweg und Senserbachweg errichtete Schneeberg-Kapelle. Ein ortsansässiger Bauer, der zum Bau des Westwalls zwangsverpflichtet worden war, hatte das Gelübde geleistet, dass er an dieser Stelle eine Kapelle bauen lassen wolle, wenn er und seine Familie ebenso wie Vaals und Vaalserquartier den Krieg heil überstehen sollten.

114 Die Heilig-Kreuz-Kirche ist heutzutage der einzige Kirchenbau im Stadtgebiet, der einen halbwegs authentischen historistischen Kirchenraum darbietet. Die erste urkundliche Erwähnung gab es bereits 1363. Sie dokumentiert den Bau einer einschiffigen Kapelle auf dem Grund der heutigen Pfarrkirche. 1372 wurde die Kapelle dem Orden der Kreuzherren zum Geschenk gemacht, die so an der Pontstraße eine Niederlassung gründen konnten.

115 Der traditionsreiche Bärenhof war ursprünglich ein Degraa Brauhaus, wie an der Einrichtung noch zu erkennen ist. Braukessel im Schankbereich und im Innenhof erinnern an die Zeit, in der das Aachener Bier dort gebraut wurde.

116 Das Grashaus am Fischmarkt entstand 1267 und diente bis 1349 als erstes Rathaus Aachens. Wer das Gebäude besichtigen möchte, hat die Möglichkeit dazu im Rahmen von bauhistorischen Führungen.

117 Am historischen Katschhof hat das Centre Charlemagne in einem modernen Anbau eine Bleibe gefunden. Das Zentrum gibt nicht nur einen Einblick in die Geschichte der Stadt, sondern dokumentiert auch die Bedeutung von Karl dem Großen für die Entwicklung der Stadt. Anschaulich wird in den vier Abteilungen des Museums dargestellt, wie sehr die Geschichte von Aachen mit der Geschichte von Europa verbunden ist und zusammenhängt.

118 Kaiser Karl der Große ist Namensgeber der Route Charlemagne. Auf dieser Route kommt der Interessent zu den bedeutenden Orten der Stadt. Sie informiert über die Geschichte von Aachen und erzählt Geschichten Aachens als europäische Stadt und als Stadt der Wissenschaft. Aachen gilt als Mittelpunkt des Kaiserreichs, das weite Teile des europäischen Kontinents umfasste.

119 Das Mörgens im Gebäude der Werkstätten, Probebühnen und Theaterleitung an der Mörgensstraße zählt zu den Spielstätten des Aachener Stadttheaters und hat gerade einmal 99 Plätze. Die kleinste Spielstätte des Theaters ist nicht nur Inszenierungen von jungen Regisseuren vorbehalten, sondern dient auch als Ort für Sonderveranstaltungen, etwa Konzerte oder Lesungen.

120 Auf der obersten Etage eines ehemaligen Wasserturms auf dem Lousberg befindet sich das Drehrestaurant Belvedere, von welchem auch die Außenplattform erreichbar ist.

121 Archäologische Fenster geben an verschiedenen Stellen Einblicke in das umfassende archäologische Bodenarchiv von Aachen. Das erste archäologische Fenster der Stadt an der Ecke Klappergasse/Jakobstraße gewährt einen Blick auf einen alten Abzweig von »des Riches Strom«, der Pau, auf die ehemalige Brudermühle.

122 Die drei Frauenfiguren aus Bronze, die sich mit Regenschirmen schützen, sind ein Symbol für das Aachener Wetter. Angeblich regnet es in Aachen »fast immer«. Ohne Schirm ins Freie zu gehen, ist danach fatal. Die Citykirche St. Nikolaus hat ihren Ursprung in einer von Kaiser Heinrich II 1005 gestifteten Kapelle zu Ehren des Hl. Nikolaus. Seit 2002 ist die Nikolauskirche ein Ort der *CitySeelsorge*. Die evangelische und die katholische Kirche engagieren sich darin gemeinsam in ökumenischer Eintracht.

123 Die Raststätte Aachen, ursprünglich Propsteier Wald Süd genannt, wurde 1993 komplett umgebaut zum ersten Ökorasthaus Deutschlands. Die als Treffpunkt beliebte Raststätte besitzt eine direkte Zufahrt zum Propsteier Wald und wird gerne als Autobahnabfahrt genutzt.

124 Unweit der deutsch-belgischen Grenze liegt im Naturpark Hohes Venn die Wesertalsperre, wegen der Nähe zu Eupen auch Eupener Talsperre genannt. Sie ist bei Wanderern ein beliebtes Ausflugsziel und das wichtigste Trinkwasserreservoir in Belgien.

125 Der Rursee ist eine der größten Talsperren in Deutschland. Er staut in der Nordeifel die Rur auf, die im Hohen Venn entspringt und bei Roermond in die Maas mündet. Beliebt ist nicht nur die aktive Betätigung im Wasser wie Schwimmen, Tauchen und Segeln. Die weißen Schiffe der Rurseeflotte bieten fahrplanmäßig Rundfahrten, aber auch Kurzstrecken zwischen verschiedenen Haltepunkten an, bei denen immer wieder neue Ausblicke auf die attraktive Eifellandschaft möglich werden. Die Form des Ein- und Aussteigens ist besonders bei Wanderern beliebt und auch bei Radfahrern, wenn diese ihr ambitioniertes Vorhaben, den See auf einer Strecke von 72 Kilometern zu umfahren, abbrechen müssen. Lohnenswert ist im Sommer auch ein Besuch des großen Feuerwerks *Rursee in Flammen*.

*Weitere Krimis finden Sie auf den
folgenden Seiten und im Internet:*
WWW.GMEINER-SPANNUNG.DE

KURT LEHMKUHL
Weißgott
....
978-3-8392-2139-6 (Paperback)
978-3-8392-5519-3 (pdf)
978-3-8392-5518-6 (epub)

TOD AUF DEM OP-TISCH Der Arzt Dr. Gottfried Weiß hat vor 30 Jahren Lieselotte Kleinereich, der Lebensgefährtin des pensionierten Kommissars Rudolf-Günther Böhnke, das Leben gerettet. Böhnke gab ihm aus Dankbarkeit das Versprechen, jederzeit für ihn da zu sein. Jetzt fordert Weiß dieses Versprechen ein. Bei Operationen ist es zu Todesfällen gekommen, für die er sich vor Gericht verantworten soll. Böhnke soll seine Unschuld beweisen. Als er glaubt, den Fall gelöst zu haben, gibt es eine Wendung mit dramatischen Folgen.

KURT LEHMKUHL
Kohlegier
....
978-3-8392-1825-9 (Paperback)
978-3-8392-4907-9 (pdf)
978-3-8392-4906-2 (epub)

BRAUNES GOLD Studenten aus Aachen verschwinden und werden ermordet aufgefunden. Den pensionierten Kriminalhauptkommissar Rudolf-Günther Böhnke verschlägt es, auf Bitte seiner Partnerin, zu Ermittlungen aus der idyllischen Eifel ins zerrissene Rheinische Revier. Bald steht er vor einem schier unbezwingbaren Berg von Fragen, nicht nur wegen der undurchsichtigen Verbrechen, sondern auch wegen des Sinns oder Unsinns der drei gewaltigen Braunkohletagebaue Garzweiler II, Hambach und Inden.

KURT LEHMKUHL
Fundsachen
....
978-3-8392-1677-4 (Paperback)
978-3-8392-4631-3 (pdf)
978-3-8392-4630-6 (epub)

STRESS HOCH ZWEI Rudolf-Günther Böhnke findet keine Ruhe in dem idyllischen Eifelort Huppenbroich. Nachdem der pensionierte Kriminalhauptkommissar den verzweifelten Walter Frosch vor einem Selbstmord bewahrt hat, sieht er es als seine Pflicht an, ihm zu helfen: Frosch wird um 500.000 Euro erpresst. Zeitgleich droht Böhnke von anderer Seite Ärger. Ein Kölner hat ein Grundstück in Huppenbroich geerbt und will es mit Thuyas bepflanzen statt mit Buchen. Nachdem erste Anpflanzungen zerstört wurden, beauftragt er Böhnke, die Täter zu ermitteln. Jedenfalls glauben das die Bewohner …

WWW.GMEINER-VERLAG.DE
Wir machen's spannend

KURT LEHMKUHL
Printenprinz
....
978-3-8392-1432-9 (Paperback)
978-3-8392-4177-6 (pdf)
978-3-8392-4176-9 (epub)

NE PRINTE ALS PRINZ! Der pensionierte Kommissar Rudolf-Günther Böhnke muss sein beschauliches Eifeldorf Huppenbroich verlassen, um den an Mord Peter von Sybar aufzuklären, einem betuchten Printenproduzent aus Aachen, der Prinz der klammen Jecken in Köln werden sollte. Ist der Mörder im karnevalistischen, beruflichen oder privaten Umfeld zu suchen? Böhnke ermittelt im Trubel der fünften Jahreszeit und erhält dabei erstaunliche Einblicke hinter die Kulissen des närrischen Brauchtums …

KURT LEHMKUHL
Kardinalspoker
....
978-3-8392-1223-3 (Paperback)
978-3-8392-3779-3 (pdf)
978-3-8392-3778-6 (epub)

DAUERRIVALEN Nach einem Fußballspiel zwischen den rheinischen Erzrivalen Alemannia Aachen und 1. FC Köln im neuen Tivoli-Stadion in Aachen wird ein FC-Fan tot aufgefunden. Es handelt sich um Wolfgang Kardinal, den Vorsitzenden einer populistischen Wahlvereinigung. Die Boulevardpresse am Rhein sieht im Tod des Kölner Ratsherrn den Auftakt zu einem Fan-Krieg zwischen Aachen und Köln. Kurz darauf stirbt ein weiterer Fußballanhänger. Der pensionierte Kommissar Rudolf-Günther Böhnke wird während seiner Ermittlungen mit seiner eigenen Vergangenheit konfrontiert und sieht sich bald nicht nur in einem sportlichen, sondern auch in einem kommunalpolitischen Dschungel umherirren.

WWW.GMEINER-VERLAG.DE
Wir machen's spannend

Das Neueste aus der Gmeiner-Bibliothek

Unser Lesermagazin

Bestellen Sie das kostenlose Krimi-Journal in Ihrer Buchhandlung oder unter www.gmeiner-verlag.de

Informieren Sie sich ...

www ... auf unserer Homepage:
www.gmeiner-verlag.de

@ ... über unseren Newsletter:
Melden Sie sich für unseren Newsletter an unter www.gmeiner-verlag.de/newsletter

f ... werden Sie Fan auf Facebook:
www.facebook.com/gmeiner.verlag

Mitmachen und gewinnen!

Schicken Sie uns Ihre Meinung zu unseren Büchern per Mail an gewinnspiel@gmeiner-verlag.de und nehmen Sie automatisch an unserem Jahresgewinnspiel mit »mörderisch guten« Preisen teil!

WWW.GMEINER-VERLAG.DE
Wir machen's spannend